I0796185

Los cuatro hábitos que cambiarán tu vida

Los cuatro hábitos que cambiarán tu vida

Las herramientas psicológicas definitivas para gestionar el estrés y encontrar el equilibrio

SARA PALAU

Grijalbo

Papel certificado por el Forest Stewardship Council®

Primera edición: febrero de 2025

Printed in Spain – Impreso en España

ISBN: 978-84-253-6783-0
Depósito legal: B-21.175-2024

Impreso en Gráficas 94, S. L.
Sant Quirze del Vallès (Barcelona)

GR67830

ÍNDICE

Soy lo que he decidido ser en cada momento de mi vida, aunque para ti sea lo que has decidido que sea.

PRESENTACIÓN

Quién soy

Gracias, Ana, si no me lo hubieras pedido no lo hubiera escrito, porque hablar de mí no es una conducta que me salga de manera espontánea. No porque sea tímida, sino porque no se me hubiera ocurrido, y cuando alguien me pregunta sobre mi vida, pienso: «¿Es una pregunta retórica o realmente le interesa?».

Bueno, ¡allá voy! Si quieres pasar de página no me voy a enterar.

Nací en un pueblecito llamado... no, ¡es broma! La verdad es que no sé cómo he llegado hasta aquí, a empujones y hostias que no ves venir, como casi todos, supongo, pero también abriendo mucho los ojos para aprovechar las oportunidades.

Me recuerdo de pequeña con mucho miedo, vigilando siempre a mi madre, intentando no perderla de vista, agarrada fuerte a sus piernas como un marinero a un mástil para no caer al mar. ¿Por qué? No lo sé. Quizá que mi madre estuviera a punto de morir en mi parto y me apartaran de ella para reanimarla disparó las alarmas en mi cerebro animal.

Cuando tenía siete años murió mi padre; hacía submarinismo como hobby y aquel Viernes de Pascua, mientras preparábamos una paella para comer con la familia y amigos, se ahogó en el mar. El mundo ya era un lugar peligroso; desde ese momento, además, pasaban cosas que no podía dominar. Ahí empecé a generar una obsesión por el control y el orden, me enfadaba si alguien dejaba un objeto fuera de su sitio. ¡Me gané a pulso el apodo de la Sargento!

Nadie se dio cuenta de que era un trastorno, y de que yo realmente sufría estrés cuando había objetos fuera de su sitio. Al revés, los adultos me felicitaban por tenerlo todo tan ordenado, y este refuerzo empeoraba el problema sin que nadie lo observara. Mi mente se iba volviendo rígida, solo había una manera correcta de hacer las cosas, y yo debía ser perfecta. Esta rigidez, a medida que iba creciendo y adquiriendo responsabilidades, trabajo, casa, hijas, fue aumentando, y con ella, el estrés. Empieza la ansiedad, los ataques de pánico por la noche, errores en la oficina, olvidos en casa, un desmayo trabajando... Y llega la depresión. El sistema cayó en picado, como un ordenador que se bloquea porque has abierto muchas pantallas a la vez.

Lo que yo no supe hacer por mí misma, lo hizo mi cerebro.

Dejé el trabajo. Hubiera podido pedir la baja o media jornada, pero necesitaba quitarme responsabilidad sin ponerme fecha de vuelta, y sabía que, cuando me recuperara, volvería a trabajar, porque me gustan los retos y estar activa. Me lo tomé con calma, me ocupé de la casa y de mis hijas, que tenían tres y cuatro años.

Y un día sentí un fuerte mareo. Me pusieron una inyección para los vértigos y en una semana desaparecieron. Al año siguiente me volvió a pasar. Me pusieron de nuevo la inyección y me recuperé. Ya nunca más tuve vértigos, pero a los pocos meses mi cabeza se quedó torcida a la derecha y caída hacia atrás: distonía cervical, 36 por ciento de discapacidad. Dificultad para mantener la cabeza erguida cuando estoy en reposo.

Tratamiento: diez inyecciones de toxina botulínica repartidas por el cuello cada tres meses y relajantes musculares para el dolor.

¿Qué voy a hacer con mi vida?

¿Quién va a contratar a una discapacitada sin estudios y sin fuerza en los brazos que además necesita una silla adaptada?

¿Mis amigos se van a apartar de mí?

¿Se avergonzará mi familia de estar conmigo?

Por suerte, las personas que me conocían de siempre me trataban igual, como si no se percataran de mi cabeza torcida, mi temblor o mi balanceo. Entre toda la gente que conozco, a la que más le costó aceptar la nueva situación fue a mí misma.

Tras pensarlo, opté por ponerme a estudiar Psicología, porque me atraía y, en parte, también por distraerme. ¿Cómo? Pues con una cinta de andar y un tablero que me consiguió mi marido, porque en reposo mi cabeza se tuerce a la derecha y empuja hacia atrás, imposible poder leer y, menos aún, estudiar.

Ahí descubrí un mundo que me apasiona, reconocí mi ansiedad, la depresión, mi perfeccionismo, los ataques de pánico, mi fobia a hablar en público. ¡En esos libros, tenía las soluciones!

Así que empecé a practicar, a reconocer el miedo, las falsas alarmas, las sensaciones en mi cuerpo, técnicas como el tapping, el emdr o el diálogo socrático; que si miras hacia arriba las lágrimas dejan de brotar; que si tienes frío en las manos o los pies tienes que ponerte un gorro en la cabeza porque es el órgano más importante del cuerpo y absorbe el calor de las extremidades, etc.

Cuando terminé la licenciatura, me ofrecí de voluntaria en la residencia de ancianos de mi pueblo, y a los seis meses me propusieron ser la psicóloga del centro por las mañanas. Las personas que venían de visita me preguntaban si las podía atender y en 2015 decidí abrir un despacho a media jornada. Al año dejé la residencia para dedicar toda mi energía a mi consulta.

Las primeras charlas y talleres de relajación y meditación las hice gratis para darme a conocer, y poco a poco la rueda fue girando y generando suficientes ingresos para mantener el despacho y darme un sueldo. Inicié un programa de radio semanal sobre bienestar emocional, participé en otros programas, hice alguna entrevista y colaboraciones con estudiantes de bachillerato.

Estudié un máster en psicoterapias, dos cursos de experto en hipnosis clínica, formaciones sobre bullying, infancia, adolescencia, liderazgo, mindfulness, tapping, trastornos de la alimentación, marca personal, comunicación...

Y llega el covid, descubro el eneagrama y aprovecho ese parón para autoanalizarme. Me pongo las pilas con el entorno digital y me doy a conocer por todo el mundo con mis vídeos en las redes sociales, y entro en la terapia online, apasionante: igual estaba en Londres que en Nueva York, Texas o Noruega, ¡no había límites!

Participo en el telediario de la televisión valenciana con vídeos que me piden sobre algún tema de actualidad.

Grabo un curso con mi hermano Marcos Palau sobre educación respetuosa —«Educación de tú a tú»—, pero sigo con la sensación de que no tengo suficientes horas ni suficiente salud para llegar a todas las personas a las que me gustaría llegar. Y un día me llama Ana, mi editora, y me dice: «¿Te gustaría escribir un libro?».

«Sííí». ¡¿Se puede ser más afortunada?!

Ahora mismo, la discapacidad ha empeorado, estar sentada es mucho más doloroso, así que toca salir de nuevo de mi zona de confort, cerrar por ahora el despacho y entrar en un nuevo mundo grabando vídeos en YouTube para enseñarte cómo funciona tu cerebro.

¿Es mala suerte tener que cerrar el despacho o es buena suerte no estancarse y vivir una nueva etapa? Solo sé que nuestro cerebro está diseñado para la adaptación. Si te subes a la tabla y surfeas esa ola que no te gusta y te da miedo, tendrás salud mental. Si te agarras a la tabla, rígida, intentando controlar las olas por miedo al cambio, mientras tu cuerpo —y probablemente tu mente— se vuelve más rígido, será más fácil que te rompas.

Si me permites un consejo, te diré que estés donde estés, trabaja, fórmate, da siempre lo mejor de ti, porque es tu marca personal; deja una buena huella, y verás cómo las oportunidades, tarde o temprano, van a ir llegando.

Como decía Teresa de Calcuta: «Que nadie se acerque jamás a ti sin que se sienta un poco mejor y más feliz».

INTRODUCCIÓN

De qué va este libro

¡No te saltes esta parte! ¡Y léela hasta el final!

En este libro vas a encontrar las herramientas que yo utilicé para hacer un crecimiento personal completo y que, al integrarlas como hábitos, han cambiado por completo mi vida. La única diferencia que puede haber entre tú y yo son los conocimientos en psicología, pero ¡estoy aquí!, cuando me necesites solo tienes que contactarme a través de las redes sociales o por email.

Empezaré diciendo que en la carrera adquieres conocimientos, pero no trabajas tus heridas, así que, tengas la profesión que tengas, te vale la pena soltar carga emocional para avanzar más rápido, sin tropezar tanto con la misma piedra.

Te voy a dar cuatro herramientas que primero he probado yo, con mi ansiedad, ataques de pánico, depresión... hasta integrarlas y llegar al equilibrio mental y a poder dejar la medicación. Después las he utilizado en el despacho, y durante los últimos diez años ha quedado demostrada su utilidad por todas las personas que han ido pasando por mi consulta. Personas que no podían viajar en avión, que tenían pánico a entrar a un quirófano aun sabiendo que de ello dependía su vida, que se negaban a dejar de fumar con una adicción de paquete y medio al día durante más de treinta años, que sufrían dificultades para acabar con su dependencia emocional a otra persona, que tenían miedo a quedarse solas o, simplemente, tenían la necesidad de eliminar una fobia a las arañas o a la oscuridad, etcétera. En la universidad aprendí la técnica conductista que no utilicé nunca porque me parecía una barbaridad: ¡tardábamos entre nueve meses y año y medio en desactivar una fobia a las arañas y no garantizábamos que se pudiera conseguir!

En cambio, con el tapping, que es la primera técnica que te enseñaré a utilizar, apagamos la fobia a las arañas en una sesión de una hora. Ya sé que parece una exageración, pero lo he podido comprobar personalmente.

La primera herramienta es una técnica para calmar tu cerebro emocional. Este paso es clave, ya que, para sentir, discernir y observar más objetivamente, necesitas pensar con claridad; las emociones intensas pueden confundirte y desviarte de tu camino.

Una vez hayamos logrado que el cerebro esté más tranquilo, la segunda herramienta te ayudará a tomar decisiones. Hay que vaciar el armario y cuestionar qué vas a conservar, qué vas a tirar y qué vas a reparar. Todo se ve más claro cuando pones orden.

Con la tercera herramienta aprenderás una nueva manera de funcionar más adaptativa; es actual, ligera y con beneficios rápidos. Te será más fácil manejarla si ya dominas las otras dos, es decir, cerebro tranquilo y sin obstáculos que molesten.

Y la cuarta herramienta es para saber quién eres, tus debilidades y fortalezas, y qué ejercicios te ayudarán a equilibrarte para conseguir desarrollar todo tu potencial.

Al final del libro, he recopilado un grupo de herramientas más pequeñas y útiles, que puedes ir utilizando desde el principio de tu trabajo personal, a tu gusto. Empieza por la que quieras y utilízalas las veces que consideres. Es como ir a entrenar, vas a aprovechar la plasticidad del cerebro para moldearlo y que tu mente empiece a funcionar de una manera más efectiva, flexible y adaptativa.

A estas alturas, quiero que sepas que este libro es como yo, práctico y directo. Te aseguro que va a ayudarte mucho en tu crecimiento, pero no sustituye el trabajo de una psicóloga. Por eso, recuerda que yo no he desaparecido, ¡estoy aquí!: si con un mensaje te puedo desatascar, ¡genial!

Quiero también que tomes conciencia de la siguiente premisa: cuidando de ti, estás cuidando de tu familia, tu pareja, tus amigos, tus compañeros de trabajo... Tu cambio personal lo disfrutarán todas y todos. Un regalo para ti y un gesto de generosidad para los tuyos.

¿Estás preparada? ¡Empezamos!

IGNORANCIA INCONSCIENTE

Cuando no sabes que no estás bien y vas por la vida como un robot

Este estado tiene lugar cuando no eres consciente de que no estás bien y vas por la vida como un robot en modo automático.

¿No te ha pasado que vas con el coche y cuando llegas a tu destino no sabes ni cómo has llegado? Sabes que, obviamente, tu cuerpo estaba dentro del coche, pero tu mente hace rato que está solucionando situaciones tales como el lugar donde aparcar, las personas con las que te encontrarás o los problemas que surgirán.

Aquí quiero hacer un inciso, y es que, como probablemente sepas, nuestro cerebro no distingue entre lo que está sucediendo y lo que imaginamos, es decir, entre lo que es real o es imaginado; sin embargo, ambas cosas las vive con la misma intensidad. Además, de todas esas suposiciones que has anticipado, luego solo el 10 por ciento coincidirá con la realidad, aunque creas que ha coincidido un 90 por ciento.

Nuestra realidad suele ser tan monótona y nuestro cerebro tan potente que puede ir en modo automático todo el día imaginando posibles desastres que rara vez llegan. O dime, ¿cuántas situaciones realmente peligrosas has superado hoy, ayer o la semana pasada? ¿Cuántas personas te pegaron por la calle?

Científica y evolutivamente nuestro cerebro no está diseñado para hacernos felices, sino para salvarnos de los peligros de la vida. Venimos de generaciones que han pasado una guerra tras otra en sus propias carnes; no obstante, si estás sentada leyendo un libro, seguramente tu vida no está amenazada de muerte, porque tu cerebro no te lo permitiría. Así que lo primero que vas a hacer es despertar: suelta tu modo automático, toma el control, sé consciente de tu presente más cercano, nota el asiento que te sostiene, la temperatura de tus manos, el aire fresco que entra por la nariz y ese aire cálido que sale de dentro, y verás cómo la ansiedad baja. Te aviso, cuando sueltes el modo automático te darás cuenta de que tu mundo es más aburrido de lo que pensabas. Seguramente es más intenso y emocionante estar pensando en todas las situaciones horribles que has vivido en tu vida y en todas las enfermedades que tendrás en un futuro, en accidentes violentos, aviones que caen, personas que te harán daño y sufrimientos terribles que te esperan, pero es más realista abrir los ojos y observar el presente inmediato.

Despierta, ¡estás leyendo un libro! Esa es la realidad ahora mismo, suelta el pasado y el futuro, aunque solo sean unos segundos. Estás es un momento y un lugar seguros. Además, puedo garantizarte que a medida que trabajes las herramientas, esa ventana permanecerá más tiempo abierta.

EL TORTAZO

La vida te da golpes, como enfermedades, un accidente o la muerte de un ser querido, para que despiertes

Todo lo que nos pasa tiene un porqué, y a mí me gusta pensar que, incluso, más bien, tiene un para qué. De alguna manera la vida te empuja a que hagas cambios. A veces el resorte es ansiedad; otras, una enfermedad, una depresión, el fallecimiento de un ser querido, un accidente... En mi caso, la discapacidad me ayudó a salir de mi modo autómata de funcionar y se volvió mi oportunidad.

No son las desgracias lo que hace que cambies, sino PARAR, desprenderte del modo automático y pensar.

Con cuarenta años era capaz de ir de mi casa a casa de la abuela a dejar a las niñas y al trabajo, y del trabajo a casa de la abuela a recoger a las niñas y a casa; ir al supermercado para llenar la nevera, duchas, cenas... y todo sin pestañear, como si fuera un robot; mientras mi cuerpo hacía una cosa, mi mente ya estaba solucionando lo siguiente, y los días y las semanas no cambiaban mucho, tampoco había tiempo para más. Ansiedad, estrés, piloto automático, ansiedad, estrés... y la vida pasa, cumpleaños tras cumpleaños, a una velocidad increíble, sin pensar que a lo mejor hay otras salidas o sin plantearte si estás en el camino que quieres. Te suena, ¿verdad? Quizá vives un escenario parecido.

Y de golpe, llegó la discapacidad y paré en seco. Bueno, en realidad fue como si estuviera corriendo y de golpe alguien me agarrara por detrás y me obligara a detenerme.

¿Cómo es posible? Pero ¿se podía? Pensaba que si yo paraba, mi mundo se derrumbaría y todas las personas a las que quería sufrirían; sin embargo no fue así, el mundo siguió rodando, y me di cuenta de que solo estaba dormida y de que un gran tortazo me había despertado de ese estado de pseudohibernación.

Voy a darte una buena noticia: NO ES NECESARIO QUE TE PASE ALGO GRAVE PARA CAMBIAR. Es más, lo realmente inteligente es que seas tú quien provoque ese zarandeo, ese parón. Esperar a que pase algo solo añadirá capas de malestar, como dormir mal, cansancio, errores, ansiolíticos para bajar el cortisol, malhumor, discusiones por tonterías, accidentes, incluso que busques consuelo en alguna adicción como el alcohol, el tabaco o drogas más fuertes.

No te preocupes si no sabes cómo hacerlo, si tienes miedo, porque el crecimiento va a empezar dentro de ti, tu mundo externo seguirá igual, pero cambiará tu perspectiva, tu manera de percibir tu alrededor y a ti misma. Te vas a empoderar o, como me gusta decir, ¡TE VAS A ENGORILAR!

¿Cómo? Durante las siguientes páginas vas a poder ir soltando el modo automático y recuperar las riendas de tu vida, y tu mundo interior va a empezar a estabilizarse. Te enseñaré a:

- Calmar tu cerebro emocional con el tapping.
- Cuestionar tus pensamientos con el método socrático.
- Soltar el modo automático con el mindfulness.
- Saber quién eres y cómo mejorar tu parte más débil con el eneagrama.

Con estas cuatro herramientas te aseguro que vas a ir más ligera, más despierta y con el paso más firme.

HERRAMIENTAS

Primera herramienta
TAPPING

Necesitaba calmar mi cerebro emocional para poder pensar con claridad. Gracias a un intercambio de idiomas descubrí el tapping.

Empecemos por tu parte más animal, la que controla las sensaciones en tu cuerpo. Piensa en un limón, ácido y fresco. Imagina que lo partes por la mitad y ves cómo el jugo sale de dentro, cortas una rodaja, te la pones en la boca y la muerdes, sientes toda la acidez del limón dentro de tu boca, está muy agrio. Seguramente, en unos segundos empezarás a segregar saliva, pero ¡el limón no está en tu boca!, solo está en tu mente.

Si pensar en un limón puede hacer que segregues saliva, imagina cómo reaccionará tu cuerpo si piensas que te van a despedir del trabajo o que te vas a salir de la carretera al adelantar un camión. El cerebro emocional no puede distinguir realidad de ficción, y tu mente racional puede hacer que subas al cielo pensando en todo lo que harías si te tocara la lotería o que bajes a los infiernos cuando imaginas que tus peores pesadillas se hacen realidad.

Este es el poder que vas a aprender a controlar en este apartado y que a mí me ha permitido vencer mi miedo a hablar en público, cerrar heridas pasadas que aún producían rabia y disipar el dolor crónico que sufría por mi discapacidad. Increíble, ¿no?, pero ¡cierto!: con el tapping también puedes bajar la intensidad del dolor crónico.

Trabajarás esos pensamientos que te generan miedo, rabia, tristeza, ansiedad, culpa, vergüenza... relajando el cuerpo para que vayan cayendo todas esas barreras que ha construido tu mente y distinguirlas de las barreras reales que simplemente hay que aceptar.

Esta técnica consiste en dar unos pequeños golpecitos con tus dedos índice y corazón de las dos manos en los *puntos clave,* el tiempo que dure la frase. Son unos diez golpecitos, pero no los cuentes, lo importante es que digas la frase despacio, concentrada en lo que estás diciendo, mientras das los golpecitos. Unas veces serán siete y otras catorce. Luego te explico cómo construir esa frase. Lo primero que vas a ver son las zonas que trabajarás con esta técnica y que van a ser los puntos clave. Pero antes, y como sé que todo lo que tenga una naturaleza eminentemente práctica resulta mucho más comprensible si hay alguien que te lo muestra y explica de viva voz, aquí estoy yo. Por supuesto, puedes practicarlo solamente gracias a la exposición textual que tienes en el siguiente apartado, pero, de forma complementaria, este vídeo que he preparado te ayudará. Basta con que escanees el código QR con tu móvil:

PUNTOS CLAVE

Te cuento cuáles son los puntos que vas a trabajar con esta herramienta:

1. Entrecejo, entre el principio de las dos cejas. Es la musculatura que tensas cuando estás preocupada.
2. Sienes, a los lados externos de los ojos. Es la musculatura que tensas cuando estás triste.
3. Debajo de los ojos, en las bolsas. Ahí tienes la musculatura que tensas ante el miedo.
4. Bigote. Cuando subes el bigote hacia arriba significa que se ha activado el asco.
5. Barbilla. En esta zona tu cerebro emocional muestra la rabia. La rabia que se dispara cuando la realidad no te gusta, pero no la puedes cambiar. Notas que es rabia porque aprietas la mandíbula y los puños.
6. Clavícula, cerca del cuello. Aquí está la culpa, la culpa que sientes cuando piensas que deberías haberlo hecho de otra manera.
7. Costillas, debajo del pecho.
8. Axilas.
9. Dedo pulgar.
10. Dedo índice.
11. Dedo corazón.
12. Dedo meñique. El dedo anular lo trabajarás luego. En los dedos bajas la rabia.
13. Canto de la mano. Se le llama «golpe de kárate» y se encarga de eliminar la rabia.
14. Encima de la mano entre el anular y el meñique. Aquí relajas el anular, el dedo cuya vena conecta directamente con el corazón. Mientras das golpecitos con el índice y el corazón de la otra mano a esta zona, haz lo siguiente:

a. Cierra los ojos.
b. Ábrelos.
c. Sin mover la cabeza, mira de reojo a un lado, al otro lado.
d. Haz un arco con los ojos por arriba, y al revés.
e. Tararea con los labios cerrados —cualquier canción, solo son dos segundos—.
f. Cuenta hasta cinco en voz alta.
g. Tararea con los labios cerrados —cualquier canción, solo son dos segundos—.

Contar y tararear es para poner en marcha los dos hemisferios. El objetivo no es que te relajes, aunque te relajarás, el objetivo es que tu cerebro esté muy despierto mientras apagas unas alarmas que no son necesarias y te están impidiendo avanzar. Por ejemplo, en la fobia social, el miedo a que las personas se rían de ti no es un problema en sí, dado que las consecuencias, seguramente, no irán más allá. El problema es si, por miedo a sentirte ridícula, evitas situaciones necesarias para tu crecimiento personal o profesional.

Después de tararear la segunda vez, empieza la segunda vuelta.

Vuelve a poner los dedos índice y corazón en el punto 1, el entrecejo, dando golpecitos mientras repites la frase corta. Continuarás pasando por todos los puntos hasta llegar al canto de la mano, punto 13 o «golpe de kárate».

Y ya has terminado la rueda, ¡FELICIDADES!

Ahora, a por ese pensamiento que dispara la alarma. Te enseño a construir la frase larga y la corta, que repetirás mientras das golpecitos.

PENSAMIENTO

Ahora que ya conoces las partes del cuerpo que se tensan ante una emoción o pensamiento, vas a aprender a identificar esos pensamientos que disparan el malestar, para poder neutralizarlos.

El cerebro emocional no distingue realidad de ficción, insisto, por eso si piensas en un limón empiezas a segregar saliva, aunque el limón no esté en tu boca. Imagina lo que puede pasar si piensas que te vas a bloquear al hablar en público o que todos verán que estás temblando o sudando en exceso. Y aunque puedas evitar muchas situaciones, no puedes huir de tus pensamientos; durante el día los podrás despistar, pero al final salen cuando duermes o cuando no te dejan dormir.

Toda esta tensión acumulada hará que aprietes la mandíbula por la noche; de hecho, hay personas que llevan una férula mientras duermen porque empiezan a tener problemas en la boca. También te puede provocar ataques de pánico nocturnos o insomnio o sentirte cansada durante el día. En mi caso fueron ataques de pánico. No sé si has experimentado alguno, pero la sensación de no poder respirar es muy bestia.

Así que lo más inteligente es trabajar los pensamientos bloqueantes o perjudiciales para que pierdan intensidad.

Voy a darte las frases que yo utilicé para superar la que era mi mayor fobia: hablar en público. Seguramente coincidimos en alguno de estos miedos, y pronto ya te harás con la mecánica para escribir tus propias frases con los pensamientos que te crean malestar.

La frase base en la primera vuelta es:

Aunque…, me quiero y me acepto completa y profundamente.

Aunque haré el ridículo, me quiero y me acepto completa y profundamente.

Aunque se reirán de mí, me quiero y me acepto completa y profundamente.

Aunque hay muchas personas delante de mí, me quiero y me acepto completa y profundamente.

Aunque no seré capaz, me quiero y me acepto completa y profundamente.

Aunque me están juzgando, me quiero y me acepto completa y profundamente.

Aunque no les voy a gustar, me quiero y me acepto completa y profundamente.

Aunque les pareceré aburrida, me quiero y me acepto completa y profundamente.

Aunque esta técnica no funcionará, me quiero y me acepto completa y profundamente.

Te habrás dado cuenta de que todos los verbos están en futuro, porque mi miedo era a que un día tuviera que hablar en público. Pero puede que a ti lo que te cree tensión es algo que ya te ha ocurrido; entonces escribirás tus frases en pasado. Por ejemplo: «Aunque me quedé en blanco, me quiero y me acepto completa y profundamente». Repites la frase en cada punto del cuerpo.

O quizá la frase que dispara la ansiedad es en presente: «Aunque siempre llego tarde…». Trabaja la frase que consigue disparar el malestar en tu cuerpo, no la que le da malestar a otra persona. No tiene sentido decir: «Aunque tengo miedo a las arañas, me quiero y me acepto», si tú no tienes miedo a las arañas.

La frase corta en la segunda vuelta es:

Repite solo el pensamiento que te genera malestar:

Haré el ridículo.
Se reirán de mí.
Hay muchas personas delante de mí.
No seré capaz.
Me están juzgando.
No les voy a gustar.
Les pareceré aburrida.
Esta técnica no funcionará.

Date cuenta de que no escribo la emoción asociada al malestar —«Aunque tengo miedo o rabia o me siento triste»—, sino que en la frase digo lo que provoca el origen de esa emoción: «Aunque no quiero que me vean sudar, me quiero y me acepto», «Aunque me quedaré en blanco, me quiero y me acepto».

MECÁNICA

Veamos ahora cómo proceder de forma sencilla con estas indicaciones.

PENSAMIENTO QUE QUIERES TRABAJAR

Piensa en ese pensamiento que te crea malestar, que será la frase que vas a repetir durante todo el ejercicio de tapping, por ejemplo, «Haré el ridículo».

Elige un solo pensamiento cada vez. Cuando ya no cree malestar, puedes elegir otro pensamiento para trabajarlo.

LOCALIZA LA TENSIÓN

Ahora nota en tu cuerpo dónde notas la tensión de pensar que harás el ridículo. ¿Quizá es en el pecho, en la boca del estómago? Donde lo estés sintiendo está bien, tu cuerpo lo está haciendo genial, solo tienes que identificarlo.

INTENSIDAD DEL 0 AL 10

Ahora siente esa sensación en tu cuerpo y piensa en qué escala de intensidad está, siendo el 0 ausencia de la sensación de malestar y el 10 la sensación muy alta.

Sé que he dicho que es de una escala del 0 al 10, pero ¡yo me sentía al 100 cuando me imaginaba en un escenario hablando delante de la gente!

RONDAS

La ronda consiste en pasar por todos los puntos clave dos veces, primero con la frase larga, repitiéndola dos veces en cada punto mientras te das golpecitos, y luego con la frase corta, repitiéndola dos veces en cada punto mientras te das golpecitos.

¡No corras, estás bajando la intensidad de tu cuerpo, no quieras añadir tensión!

Cuando termines la primera ronda, fíjate en dónde sientes la tensión en tu cuerpo y en qué número está de la escala de intensidad. Seguramente ha bajado, pero hay pensamientos muy resistentes. Haz rondas hasta que esa parte de tu cuerpo esté tranquila, es decir, hasta que ese pensamiento ya no sea capaz de tensar tu cuerpo.

¡Felicidades! Ya has neutralizado un pensamiento tóxico. ¡A por el siguiente! Al final esto del tapping se convierte en un vicio que no puedes detener hasta que tu vida se transforma en un lugar tranquilo donde podrás desarrollarte plenamente.

No importa si dudas o si en esa situación te pones nerviosa: confía en tu cuerpo y piensa que lo que te crea malestar son tus pensamientos, emociones o sensaciones, no la realidad. Cuando lo compruebes, no podrás dejar de sonreír. Te aseguro que llegar a ese momento vale la pena.

Aunque te parezca que es una técnica tonta y que no va a funcionar, ¡hazlo! Te garantizo que da resultados. Y es que, muchas veces, para que algo sea efectivo no necesita ser complejo.

¡Vamos a empezar!

Primera ronda

Primero, la frase larga.

Empiezas dando golpecitos, con la yema de los dedos índice y corazón de las dos manos, en el entrecejo.

Frase: «Aunque (el pensamiento que crea malestar), me quiero y me acepto completa y profundamente». Repites la frase dos veces en cada punto mientras das golpecitos con las yemas de los dedos y vas recorriendo todos los puntos; ya verás cómo, en poco tiempo, lo harás de manera automática.

La primera vuelta termina en el ejercicio de los ojos, el tarareo y contar hasta cinco.

Segunda vuelta con la frase corta. Por ejemplo, «Haré el ridículo, haré el ridículo». Lo repites dos veces en cada punto, despacio, sin prisas, cambias de punto y vuelves a dar golpecitos mientras lo repites dos veces. Calcula en dar entre siete y diez golpecitos en cada punto.

La segunda vuelta termina con los golpecitos en el canto de la mano.

¡Ya has terminado la primera ronda!

Segunda ronda

Fíjate en esa parte del cuerpo donde notas la tensión, suele ser la boca del estómago, pecho, garganta.

Piensa de nuevo en la frase, en mi caso era «Haré el ridículo». ¿Cómo está esa zona en ese momento? Seguramente la tensión haya bajado; vuelve a ponerle un número del 0 al 10. No te preocupes si no ha bajado o ha subido la tensión, la novedad del ejercicio, el tener que estar pendiente de todo, hace que al principio sea un poco más difícil relajarse. Repite las rondas dando permiso a tu cuerpo para que se relaje cuando se sienta preparado para soltar ese miedo, esa rabia o esa tristeza.

Malestar por debajo del 5

Cuando el malestar baje a 5 o menos, cambia la frase de la primera vuelta.

«Aunque AÚN "me pone nerviosa hacer el ridículo", me quiero y me acepto completa y profundamente».

Desaparece el malestar

Cuando ese pensamiento ya no te genere malestar, cambia a otro. Quizá al día siguiente coja un poco de fuerza y tienes que hacer una ronda recordatorio con ese pensamiento, pero trabajar un pensamiento que en ese momento no te genere tensión no tiene mucho sentido. Es posible que cuando elimines la tensión de un pensamiento, otros pensamientos de la lista pierdan intensidad porque son parecidos o porque tú vas cogiendo confianza.

¡AHORA, A PRACTICAR! Tienes el poder —o, mejor dicho, superpoder— de relajar tu cuerpo controlando tu pensamiento, eso hará que no haya barreras para ti. La guerrera que hay dentro de ti está soltando esa armadura que la aprisionaba, tu fortaleza reside en tu interior. No dejes de practicar, practicar y practicar y derrumbar frases, etiquetas, pensamientos que te impiden crecer. Adquiere maestría en esta técnica y nada ni nadie te va a parar. ¡EMPODÉRATE, ES TU MOMENTO!

Segunda herramienta
MÉTODO SOCRÁTICO

Tocaba vaciar el armario. No podía adquirir herramientas nuevas para vivir si no eliminaba las que funcionaban mal, y Byron Katie me mostró el camino.

PARA QUÉ SIRVE

Vamos con la segunda herramienta que quiero compartir contigo, con la confianza de que la hagas tuya. ¡A mí me fue de cine!

¿Sabes esa voz que tienes en la cabeza y no se calla? Si quedas con alguien, te dice que le parecerás aburrida; si tu madre no te valora como a ti te gustaría, te dice que no eres suficiente; si te subes a la báscula, te dice que eres un desastre porque no consigues bajar de peso, o si vas a buscar trabajo, pedir unas vacaciones o un aumento de sueldo, te dice que no te lo mereces.

Pues con esta técnica conseguirás que cuando esa voz venga,

por lo menos te entre la risa y, a la larga, termine desapareciendo, como me pasó a mí.

Toca desaprender

Prepárate un té o un café largo porque tienes una conversación pendiente contigo misma. Pongamos la siguiente metáfora: imagina que hace años que no vacías el armario de ropa y ha llegado el momento de hacerlo. La intención es desprenderte de todo lo que ya no quieres. Tienes que sacarlo todo, tirar lo que no quieras seguir cargando —prejuicios, etiquetas, vergüenza y culpa caducada, entre otras cosas—, reparar lo que está roto —relaciones dañadas pero salvables o tu propia autoestima o autoconcepto— y guardar todo aquello que te va a valer en el presente o en un futuro próximo.

SUMA Y SIGUE

Si con el tapping trabajas el cerebro emocional y reptiliano, tu parte animal, con el diálogo socrático vas a trabajar tu cerebro racional, ese que cuando aprendes a hablar a los dos años empieza a grabar, y sobre los nueve años se pone en marcha y ya no calla ni debajo del agua.

Estas dos herramientas han de ir de la mano, trabajando juntas mientras haya pensamientos del pasado que te generan malestar.

Por ejemplo, si hace cinco años se murió una persona importante para ti, sentirás tristeza cuando pienses en ella. Pero si te pasas los días evitando pensar en ella; si hacerlo te crea mucho malestar y pensamientos angustiosos con respecto al futuro, al pensar que otras personas que quieres también van a desaparecer; si no puedes dormir o duermes demasiado, o no tienes un sueño reparador y te cuesta recordar los buenos momentos y sentir serenidad, quizá estás en un duelo patológico que hay que trabajar. Tanto el tapping como el diálogo socrático te pueden ayudar, pero recuerda que un libro no puede sustituir a una psicóloga. Si ves que la herida es tan grande que no consigues cerrarla, pide cita con un especialista o terapeuta, aunque sea de manera puntual. Te permitirá avanzar más rápido en tu trabajo personal si alguien te ayuda a quitar las rocas grandes.

POR QUÉ SÓCRATES

Sócrates contestaba una pregunta con otra pregunta y hacía que surgieran más dudas y más preguntas, que contestaba con otra pregunta, hasta que el alumno llegaba a un estado de aporía o de vacío mental, en el que dudaba hasta de sus propias creencias. De ahí surgió la frase «Solo sé que no sé nada».

Aristóteles declaró que era una herramienta muy buena para la ciencia, pero no apta para la ética, porque hacía que las personas pusieran en duda la moral del momento. Imagínate la que se podía liar.

Así que, ¡prepárate para que todas tus creencias, prejuicios, etiquetas y barreras se tambaleen!

Te he avisado, vas a vaciar el armario, y esto va en serio.

VERSIÓN ACTUALIZADA

Por suerte, Byron Katie ha hecho un trabajo maravilloso, que me recuerda a la técnica de Sócrates, pero más práctica y fácil de utilizar, con el que yo vacié mi cabeza de trastos viejos que solo me servían para sentirme culpable, insuficiente y sentir rabia contra personas con las que me había cruzado en el pasado.

¿Sabes aquella frase que dice: «Dame coraje para cambiar lo que hay que cambiar, serenidad para aceptar lo que no se puede cambiar y sabiduría para distinguirlo»? Pues esta herramienta me dio la sabiduría para distinguirlo, coraje para afrontar lo que podía cambiar y serenidad para aceptar lo que no podía cambiar. El libro de Byron Katie que utilicé para mi crecimiento personal es *Amar lo que es*, y en YouTube tienes cientos de vídeos para que puedas verla en acción aplicando la herramienta.

ESTO ES LO QUE VA A PASAR

Te propongo una metáfora: imagina un vaso que ha sido utilizado para beber agua durante una comida. Ves las marcas de los labios y alguna huella de las manos. Está sucio, pero podrías beber en él. Ahora imagina que lo enjabonas, lo frotas bien con el estropajo y líquido lavavajillas. El vaso está lleno de espuma. Imaginar beber en él con toda esa espuma… te da asco, la situación ha empeorado, ¡ahora es imposible beber en ese vaso! Repasas el vaso, enjuagas todo el jabón y lo ves limpio y brillante, sin duda, mucho mejor que antes de lavarlo.

Eso es lo que va a pasar en tu cabeza. Hay multitud de recuerdos que no están completamente digeridos, pero con los que has aprendido a vivir y ahora los vas a enjabonar. Mientras lo haces, la situación empeorará, notarás cómo las emociones se van despertando. Deja que la emoción suba y baje sola, céntrate en trabajar el pensamiento como te muestro a continuación y no lo sueltes hasta que la rabia, la culpabilidad o la tristeza desaparezcan completamente.

¿Estás preparada? ¡Vamos a empezar!

Antes de nada, necesitas una libreta o unos folios donde apuntar los pensamientos que te generan malestar. No lo hagas de cabeza porque cuando tengas que repasar no tendrás el material fidedigno. ¡Es muy importante! Ve a buscar papel y boli, te espero.

TÉCNICA

Para trabajar cada pensamiento vas a necesitar seguir tres pasos:

1. Primer paso: responde cuatro preguntas.
2. Segundo paso: tienes que darle tres vueltas al pensamiento que estás trabajando.
3. Tercer paso: si un pensamiento es resistente y vuelve una y otra vez, a pesar de haberlo trabajado, tendrás que aplicarle este tercer paso. Se trata de buscar pruebas que demuestren que lo que estás diciendo es cierto, pero no siempre te hará falta. Más adelante te explico cómo hacerlo. Ahora empieza practicando el Primer paso.

PRIMER PASO
PERSONAS QUE NO HAS PERDONADO DEL TODO

Por algún sitio hay que empezar, así que puedes hacerlo como lo hice yo, recordando a todas esas personas que creías haber perdonado. Aunque estés convencida de que todo está bien, no confíes, muchas veces lo que realmente sucede es que no nos hemos atrevido a observarlo. Recuerdo que me daba miedo remover el pasado en mi cabeza y que las relaciones que ahora iban bien se pudieran estropear: problemas que tuve con mi madre, discusiones con mis hermanas, relaciones pasadas, temas que no se resolvieron de una manera justa para mí... Cuando lo recordaba, se disparaba la rabia, y estaba una semana de mal humor. A los demás les decía que era por el trabajo, las amigas o que me dolía la cabeza, porque sabía que aquella partida ya se había terminado: era yo, que no conseguía digerir la frustración de haber perdido.

Aunque creas que no tienes derecho a enfadarte con esa persona o aunque ahora tengáis una buena relación, abre ese cajón y empieza a escribir qué te hizo daño. Vale la pena porque mejorará la relación contigo misma y, de manera indirecta, estarás reparando tu autoestima y tu autoconcepto.

A veces la primera frase es la que más cuesta escribir, pero una vez se abre ese recuerdo, todo será más fácil.

Preguntas que te ayudarán a abrir ese recuerdo

¿Qué debería hacer esa persona para que tú te sintieras en paz con ella? o ¿qué debería haber hecho en el pasado? Quizá debería haber respetado tu manera de ser o de pensar, no exigirte tanto, felicitarte alguna vez por las cosas que haces o no quejarse todo el día.

O ¿quizá temes por su salud y crees que debería dejar de fumar o no beber tanto alcohol o hacer más deporte?

O ¿te ha dejado de hablar o no te dijo por qué te dejó o estás dolida porque te despidió del trabajo sin darte razones?

Te muestro cómo trabajé alguno de mis pensamientos, para que puedas hacer lo mismo con los tuyos. Aunque ahora te parezca difícil o que ha pasado mucho tiempo para poder recordar, confía en ti, lee mi primer pensamiento, respira hondo y cierra los ojos. Recuerda cuando eras pequeña o adolescente y deja que venga a tu mente esa persona cercana, que sientes que no fue del todo justa contigo, que te hubiera gustado que te escuchara, que no hubiera sido tan dura o que no te prestaba atención, que debería haberse dado cuenta de que tú la necesitabas. Y busca esa frase que te decía y que te hacía daño escuchar. Ya verás cómo, poco a poco, los pensamientos van brotando solos.

Personas a las que no has perdonado del todo

Veamos un ejemplo práctico. Primer pensamiento:

«Ella siempre me decía que no era tan lista».
Busca un pensamiento parecido y analízalo conmigo.
«Ella o él siempre me decía...».

Cuatro preguntas y mis respuestas:

1. *¿Es eso verdad? Respira hondo, deja que ese pensamiento resuene en tu mente, tómate un momento para responder.*
   Respuesta: Sí.
2. *¿Realmente es verdad? Vuelve a leer el pensamiento que has escrito, palabra a palabra. Estás buscando la verdad, no lo que tu mente te repite una y otra vez. ¿Realmente ella siempre me decía que no era tan lista? Espera que brote la respuesta de tu interior.*
   Respuesta: Bueno, siempre no. Me lo decía cuando estaba enfadada o le llevaba la contraria.
3. *¿Cómo te sientes cuando estás con esa persona y te viene ese pensamiento?, ¿cómo tratas a esa persona cuando te viene el pensamiento? Imagina esa situación, visualízate delante de esa persona, obsérvate desde fuera. ¿Cómo te comportas?, ¿cómo te sientes? Y, lo más importante, ¿cómo te tratas a ti misma durante la situación?, ¿y después?*
   Respuesta: Siento mucha rabia, porque, aunque no me lo está diciendo, pienso que en cualquier momento me lo dirá. Le hablo seca, distante, no sonrío, hablo con monosílabos. Quiero demostrarle que soy lista, coherente, pero estoy muy tensa porque tengo la sensación de que me hará sentir tonta. Me siento mal, nerviosa, y después, aunque no me lo haya dicho, me siento cobarde, con la

sensación de que tendría que haberme enfrentado a ella. Me siento tonta, como si no supiera defenderme.

4. *Imagina que tienes a esa persona delante de ti y ese pensamiento no existe, nunca se ha creado en tu cabeza. ¿Cómo te comportarías sin ese pensamiento? Cierra los ojos y visualiza de nuevo la situación, pero esta vez el pensamiento no existe, no eres capaz de generarlo, simplemente estás viendo una persona que dice que pensaba que eras más lista, pero tu mente no genera ningún pensamiento.*
Respuesta: Sin ese pensamiento estaría más tranquila, me sentiría más libre, simplemente la oiría decirlo, como quien dice «Pensaba que la luna era azul»; es un comentario, no hay pensamientos. Si no hay pensamientos es que no me siento atacada. Me podría relacionar de otro modo, sin la tensión y el miedo a equivocarme. Lo que me creaba tensión era todo lo que yo pensaba sobre no ser lista, porque cuando los pensamientos desaparecían, me sentía en paz. En cambio, cuando venía el pensamiento, una vocecita me obligaba a defenderme. ¿Pero de qué? Cuando trabajé el pensamiento y la voz se cayó, me di cuenta de que la amenaza no era real, que era yo quien me lastimaba.

SEGUNDO PASO
DALE TRES VUELTAS
Primer pensamiento:

«Ella siempre me decía que no era tan lista».

Razonamiento: Siempre no. Me lo decía cuando discutíamos y no conseguía convencerme para que le diera la razón. El resto de las veces que nos veíamos, la tensión ya la traía yo con mi pensamiento, pero la relación era normal.

Primera vuelta

Dale la vuelta a la frase cambiando el sujeto y busca en tu mente en qué momentos tú te comportaste así con esa persona; al principio te chocará un poco ponerte en el otro lado.

«Yo siempre le decía a ella que no era tan lista».

Respira hondo, tómate unos segundos, espera, deja que tu mente conteste. La respuesta debe salir de tu interior.

Razonamiento: Es verdad, me daba tanta rabia que me lo dijera que la trataba de tonta, me alegraba cuando ella suspendía un examen y yo no; incluso hablando con otras personas comentaba algunos razonamientos que hacía ella que no me parecían nada lógicos, e intentaba demostrar a las demás que ella no era una persona inteligente.

Segunda vuelta

Dale una segunda vuelta, y ahora dirige el foco hacia ti misma: «Yo siempre me decía a mí misma que yo no era tan lista».

Razonamiento: Pues es verdad, cuando me atacaba a mí misma diciéndome que era una cobarde, que no sabía defenderme, que era una inútil y que quizá ella tenía razón y yo no era tan lista. También era tonta por perder tanto tiempo en atender la opinión de una persona en lugar de invertir ese tiempo en actividades que me gustan y que me generan sensaciones agradables o tonta por aislarme en lugar de abrirme a conocer otras personas. Todo eso que me decía a mí misma me generaba malestar, estaba tensa, me enfadaba por cualquier cosa y me costaba relacionarme bien con los demás.

Tercera vuelta

Como dice Byron Katie, «Amar lo que es siempre es la mejor opción».

«Ella debería seguir pensando que yo no era tan lista si así lo cree».

Razonamiento: Esta persona debería seguir pensando que yo no soy tan lista, si así lo cree. Yo puedo conseguir mis objetivos o no, independientemente de lo que piense una persona. No es necesario que cambie su pensamiento si no lo desea.

Segundo pensamiento

Vamos a probar con otro pensamiento a modo de ejemplo práctico. Ya verás cómo coges la mecánica rápido y en dos semanas te quitas mucho peso de encima.

¡Recuerda! Cuatro preguntas y tres vueltas.

«Ana y Elena me dejaron de lado, preferían estar sin mí».

Cuatro preguntas y mis respuestas:

1. *¿Es eso verdad?*
   Sí, muchas veces quedaban ellas dos y no me decían nada.
2. *¿Realmente es verdad?*
   Siempre no, pero cuando me enteraba de que habían quedado y no me habían llamado me sentía mal.
3. *¿Cómo te sientes cuando estás con esa persona y te viene ese pensamiento?*
   Me duele, no entiendo por qué me han ido apartando, por qué prefieren estar sin mí. Y cuando estoy con ellas y me viene el pensamiento, estoy callada, me cierro en mí misma, estoy seria, no tengo tantas ganas de hacer planes con ellas, pienso que me van a fallar y que realmente no quieren estar conmigo.
4. *Imagina que tienes a esa persona delante de ti y ese pensamiento no existe, nunca se ha creado en tu cabeza. ¿Cómo te comportarías sin ese pensamiento?*
   Estaría como siempre, contenta, con ganas de hablar y hacer cosas con ellas, sonreiría, me sentiría feliz de que me hubieran llamado, más libre de hacer cosas.

> Y cuando no me llamaran, pensaría que me encantaría encontrar una persona con la que tener esa complicidad, pero que no son ellas.

Dale tres vueltas.

Pensamiento tal cual es: «Ana y Elena me dejaron de lado, preferían estar sin mí».

Razonamiento: Me dejan de lado cuando quedan ellas dos y no me avisan.

Primera vuelta

«Yo dejo de lado a Ana y Elena, prefiero estar sin ellas».

Razonamiento: Las dejo de lado cuando las juzgo y no acepto que ellas tengan una relación especial, y que, algunas veces, quieran estar solas. Prefiero estar sin ellas cuando mis pensamientos sobre la relación que tienen me genera rabia e impotencia. Prefiero estar sin ellas cuando pienso que no quieren estar conmigo o que no soy suficiente para ellas o les parezco aburrida.

Cuando trabajes un pensamiento, sé consciente de que saldrán otros tangenciales que también tienes que trabajar, añádelos a la lista. Por ejemplo: «Yo no soy suficiente para ellas y les parezco aburrida».

Segunda vuelta

Dale una segunda vuelta, y ahora dirige el foco hacia ti misma: «Yo me dejo de lado a mí misma y prefiero estar con ellas».

Razonamiento: Me dejo de lado cuando me ataco, cuando pienso que si ellas no están conmigo es porque soy una persona aburrida y no soy suficiente. Me dejo de lado cuando antepongo la necesidad de gustarles a ellas a la posibilidad de buscar otras actividades o personas con las que nutrirme y crecer. Prefiero estar con ellas a toda costa, sin respetar que ellas, esa actividad, prefieran hacerla solas, y me cuesta ver que puedo ser feliz sin ellas y con ellas. Disfrutando con ellas cuando están conmigo y disfrutando con otras actividades cuando estoy conmigo misma.

Tercera vuelta

Recuerda: no luchar contra la realidad y aceptarla tal cual es siempre es la mejor opción. La realidad no hace daño, lo que te duelen son las expectativas, los pensamientos que empiezan por «es que ella debería...».

«Ana y Elena deberían dejarme de lado y preferir estar sin mí, si eso es lo que necesitan hacer».

Este es el aprendizaje que más bienestar me ha proporcionado en mi crecimiento personal: el no exigir a nadie que sea feliz a mi lado ni que me tenga en cuenta ni que me valore, porque por fin entendí que ese era mi trabajo, el de nadie más. Nadie debería estar contigo por obligación, igual que nadie debería obligarte a quererle. Puedes decir cómo te sientes, porque hay personas muy torpes, no malas personas, pero que no son conscientes de que su conducta hace daño, y si aun así ves que continúan con la misma conducta, no fuerces la realidad para que cambie, dirige tu atención hacia otras personas o actividades, respetando lo que esta persona te quiera dar sin forzarla a nada más, porque no sería real ni bueno para ti.

Te lo digo en serio, yo estuve muchos años esforzándome, enfadándome, luchando para que mi madre me quisiera y me valorara como a mis hermanos varones, y después de mi trabajo de crecimiento personal, mi relación con mi madre mejoró muchísimo, y no porque ella hubiera cambiado; en efecto, mi madre me sigue queriendo de la misma manera, he sido yo la que cambió, y he aprendido a quererla y a respetarla tal como es. No ha sido fácil, porque mi ego me decía que ella debería quererme de la misma manera que a ellos, pero esa lucha hacía que yo no pudiera disfrutar plenamente cuando estaba con ella. Sé que ahora quizá te parecerá difícil entenderlo porque estás al principio del trabajo, pero dejar como está lo que no se puede cambiar solo me ha traído bienestar y beneficios, tanto físicos, como mentales y en mi relación con los demás. Y esa energía que invertía en intentar cambiar a una persona, la estoy invirtiendo en mí y en las cosas que sí puedo cambiar porque dependen solo de mí. Pero esto es un trabajo de muchos días, de llorar, de vaciar el armario, de trabajar todos los pensamientos y digerirlos. La realidad es amable cuando dejas de luchar contra ella.

TERCER PASO
BUSCA PRUEBAS

Este pensamiento, como otros muchos que tenía, era muy resistente y volvía a generar malestar, no tan fuerte, pero ahí estaba, había que trabajarlo con un tercer paso para poder arrancar todas las raíces que lo sustentaban y dejara de entrar en bucle con «por qué, por qué y por qué…».

Te muestro cómo trabajé este pensamiento para que puedas hacer lo mismo con los tuyos.

La pregunta es: «¿Qué pruebas tienes de que…?».

¿Qué pruebas tenía de que Ana y Elena preferían estar sin mí?

1. Quedaban ellas dos y no me decían nada.
2. Me decían que me avisarían la próxima vez, pero volvía a enterarme de que habían quedado y no me habían avisado.
3. Alguna vez les decía de ir a tomar un café o a dar una vuelta, pero nunca tenían tiempo.

Trabaja cada prueba con las cuatro preguntas y las tres vueltas. «Quedaban ellas dos y no me decían nada».

Primer paso

1. *¿Es eso verdad?*
   Sí.
2. *¿Realmente es verdad?*
   Dos veces seguro, porque las vieron y me lo dijeron.
3. *¿Cómo te sientes cuando estás con esas personas y te viene ese pensamiento?*
   Me siento triste, siento que no me valoran, que no soy suficiente para ellas.
4. *Imagina que tienes a esa persona delante de ti y ese pensamiento no existe, nunca se ha creado en tu cabeza. ¿Cómo te comportarías sin ese pensamiento?*
   Me siento libre, sin rabia, sin tristeza. Alguna vez han quedado ellas solas, y estoy contenta de que quieran hacerlo conmigo otras veces, quiero disfrutar de estar con ellas cuando estamos juntas, porque me siento bien, no tiene sentido que me amargue con esos pensamientos que me alejan de ellas.

Segundo paso

Vamos a darle unas vueltas al pensamiento: «Quedaban ellas dos y no me decían nada».

Primera vuelta

«Quedábamos nosotras dos y no le decíamos nada a ellas».

Alguna vez quedé con alguna amiga para tomar algo o hacer una actividad y no les preguntaba si querían venir, no porque no quisiera que vinieran, sino porque tenía la manía de que estaban mejor sin mí. Otras veces me encontraba por la calle con alguna de ellas y nos íbamos a tomar un café y a charlar un rato, sin pensar que la otra amiga se podría enterar y molestar. Seguramente cuando ellas se encontraban no estaban pensando en hacerme daño, porque cuando estábamos juntas nos lo pasábamos bien.

Segunda vuelta

«Quedaba conmigo misma y se lo decía a ellas».

Pues la verdad es que sí, primero me quedaba en casa, no les decía nada porque creía que no querían estar conmigo, y luego pensé que quizá sería bueno perder mis miedos a hacer cosas sola. Pensar qué actividades quería hacer y dónde me apetecía ir, y hacerlo. Quería ir al cine, si alguien quería venir perfecto; si no, iba sola, y me di cuenta de que no era tan malo como pensaba. Empecé a relacionarme con otras personas, iba a la cafetería y me juntaba con personas que conocía de siempre, pero con las que nunca me había sentado a tomar un café.

Tercera vuelta

«Ellas dos deberían quedar solas y no decirme nada, si eso es lo que hacían».

Claro que sí, todo el mundo debería poder ser libre de quedar conmigo si le apetece, igual que yo quedo con las personas con las que me apetece estar. Sí que de vez en cuando tienes compromisos que no puedes evitar, pero otras veces tienes que tener la libertad de quedar con quien te apetece de verdad.

Qué no te perdonas a ti

¡Vamos a probar con otro pensamiento! Esta vez con un deberías... y dirigiendo el foco hacia ti.

Recuerda: cuatro preguntas y tres vueltas.

Primer pensamiento

«Yo debería ser más sociable con la gente».

Elige tu pensamiento, quizá deberías hacer deporte o cambiar de trabajo o formarte o viajar más o ganar más dinero... y haz el trabajo conmigo. Recuerda: ¡escríbelo en un papel!

Cuatro preguntas y mis respuestas:

1. *¿Es eso verdad?*
   Sí, yo creo que me iría mejor.
2. *¿Realmente es verdad?*
   Pruebas no tengo, pero es bueno tener relaciones sociales. Amigas tengo, lo que pasa es que disfruto mucho de estar sola arreglando la terraza, haciendo meditación, trabajando, escribiendo, leyendo, escuchando pódcast, y estar con gente me agota.
3. *¿Cómo te sientes cuando estás con gente y te viene ese pensamiento?*
   Pienso que me verán aburrida, no sabré qué contar, estaré callada. Eso me pone tensa y hace que me aísle más, que me cueste escuchar porque estoy pendiente de qué decir o cómo parecer más sociable, extrovertida. Intento ser como no soy y eso me supone tanto esfuerzo que estar con gente se convierte en un mal momento.
4. *Imagina que estás en esa situación y ese pensamiento no existe, nunca se ha creado en tu cabeza. ¿Cómo te comportarías sin ese pensamiento?*
   Soltaría la armadura y me relajaría como cuando estoy haciendo actividades que me gustan, sin presión. Simplemente disfrutaría de la conversación, me imagino sonriendo, hablando o callada, tranquila, relajada, sin la obligación de ser sociable.

Dale tres vueltas

Primer pensamiento tal cual es: «Yo debería ser más sociable con la gente».

Razonamiento: Tendría más amigas y amigos. Pero en realidad no sé si quiero tener más amigas y amigos de los que tengo, en plan de montar fiestas de mucha gente o quedar con personas diferentes cada semana. Pasaría de dejar de hacer cosas que me gustan a hacer cosas que no me gustan.

Primera vuelta

«La gente debería ser más sociable conmigo».

Razonamiento: La gente ya es sociable conmigo, me quiere, me respeta tal como soy, no me exige que sea de otra manera. Además, creo que les gusto porque soy callada y me gusta escuchar. No voy a todas las fiestas, pero saben que no es algo personal, simplemente que de noche se me acaban las pilas y estar con mucha gente me agota. Llega un momento en que me tendrías que ver, ¡soy como una seta!, estoy allí plantada, sin energía para participar.

Segunda vuelta

Dale una segunda vuelta, y ahora dirige el foco hacia ti misma: «Yo debería ser más sociable conmigo misma».

Razonamiento: A la única persona que tienes la obligación de cuidar y querer es a ti misma. Igual que los demás no me exigen que cambie, yo también decido respetarme a mí misma. Respetar a los demás, ayudar, ser cariñosa, tal como soy ahora, y no exigirme ser de otra manera.

Piensa, cuando subes a un avión y los auxiliares de vuelo dan las instrucciones, ¿qué te dicen? Que primero te pongas tú la máscara de oxígeno y después ayudes a los demás. Porque si tú no te das lo que necesitas, difícilmente podrás dar lo que no tienes: amor, serenidad, respeto...

Tercera vuelta

Recuerda: amar lo que es siempre es la mejor opción. La realidad no hace daño, lo que te duelen son las expectativas, los pensamientos que empiezan por «es que yo debería...».

«Yo no debería ser sociable, si no lo estoy siendo».

Cuando empecé este trabajo tenía cuarenta años, la vida me había ido bien, normal, cambios de trabajo, pareja, hijas, tenía amigas, a pesar de ser introvertida y tímida. ¿Qué garantía tenía de que siendo extrovertida la vida me hubiera ido mejor? NINGUNA. Yo me sentía cómoda haciendo lo que hacía, las amigas me habían elegido por mi manera de ser. Quizá si cambias mucho también cambia la gente que te rodea. Cambiar una parte de ti no es fácil, pero la mayoría de las veces no es ni necesario, y lo único que te hace infeliz es tu empeño en cambiar algo que no es necesario cambiar.

¿Cómo te ha ido con tu frase? ¿También crees que la vida te iría mejor si hicieras deporte, adelgazaras o tuvieras más concentración?

¿Qué edad tienes? Si has sobrevivido hasta ahora es que ese «debería» no te hace tanta falta. ¿Y si lo cambias por un «ME GUSTARÍA...»? Me gustaría ser más sociable o me gustaría hacer deporte los fines de semana o me gustaría concentrarme mejor en el trabajo.

¿Verdad que suena más amable y respetuosa contigo?

Recuerda: la realidad no te hace daño, son los pensamientos sobre esa realidad los que te hacen sufrir. Sigue trabajando esos pensamientos.

¡Vacía el armario! Vale la pena, irás mucho más ligera y feliz.

Y recuerda: si ese pensamiento sobre ti misma sigue molestando, ve al tercer paso y busca pruebas de que eso es verdad.

Busca pruebas:

«Si fuera más sociable...

1. ... la gente me querría más».
2. ... me valorarían más».
3. ... contarían más conmigo para salir».
4. ... encontraría mejores amigas y amigos».

5. … tendría más éxito profesional».
6. … mis hijas se lo pasarían mejor conmigo».

Escribe todas tus pruebas y, luego, hazte las cuatro preguntas y las tres vueltas razonándolas. Si siguen saliendo dudas, escríbelas, haz las preguntas y las vueltas. ¡Verás cómo Sócrates tenía razón! Todas las creencias y barreras que te pusiste o te pusieron irán cayendo.

Tercera herramienta
MINDFULNESS

Tenía que ser una herramienta que me ayudara a conectar con mi conciencia, que aumentara mi resiliencia, que me procurara una autoestima sana, equilibrio emocional y, sobre todo, no volver a tener ansiedad. Mindfulness tenía todo eso y mucho más.

No me recuerdo sin ansiedad. Mi madre estuvo a punto de morir en mi parto y aquel chute de adrenalina hizo que, desde bien pequeña, salir de casa y separarme de ella me causará ansiedad. Mi padre murió cuando yo tenía siete años y se confirmó que el mundo es un lugar peligroso donde pasan cosas que no puedo controlar. ¿La consecuencia? Ansiedad, carácter introvertido y pocas habilidades sociales.

Con cierta retrospectiva, podría decir que sobreviví a la adolescencia y llegué a la edad adulta. ¿Cómo crees que era la Sara niña? Quizá pienses que era una niña dulce y tímida, pero no, todo lo contrario, fabriqué una coraza tan dura que en casa me llamaban «sargento», y tenía tanto miedo al rechazo que nunca me atreví a llamar a las amigas para salir, siempre esperaba que alguien lo hiciera por mí. En eso tuve mucha suerte, porque, en dos momentos de mi vida que me quedé aislada del mundo, siempre hubo alguna persona buena que estiró su mano para que me pudiera coger bien fuerte a ella.

La ansiedad no se va sola, y la necesidad de control va creciendo. Por aquel entonces creía que si lo hacía todo, y lo hacía perfecto, todo iría bien. Para mí era difícil salir de esa rueda porque no conocía otra manera de funcionar, y a medida que iba creciendo, las responsabilidades iban aumentando y más difícil era llegar a todo y ser perfecta. Estrés, errores, autojuicios, autoexigencia... Hasta que un día me desperté por la noche sin poder respirar, con un ataque de pánico. Y al cabo de los años, por agotamiento, fui consciente de que estaba cayendo al vacío en un pozo del que no sabía cómo y cuándo podría salir. Recuerdo al médico que, después de desmayarme en la oficina, me decía: «Después del uno, el dos, y luego, el tres», y yo pensaba: «¿Qué le explico a este hombre si su mujer le prepara la ropa y el desayuno cada mañana? ¡No me va a entender!».

El tapping fue lo que calmó mi mente, el diálogo socrático la vació y organizó mis pensamientos, y mindfulness se convirtió en mi filosofía de vida, una nueva forma de funcionar en el mundo.

Por eso te animo a que no dejes de practicar los ejercicios, porque llegará un momento en que mirarás hacia atrás y lo que estás viviendo ahora formará parte de tu pasado, no de tu presente, y sonreirás.

Antes de pasar a compartir contigo los beneficios que tiene, quiero que sepas lo que no es mindfulness, porque hay mucha desinformación al respecto, y así podrás identificar por ti misma cuándo sí se trata de esta técnica y cuándo no.

QUÉ NO ES MINDFULNESS

Aquí te dejo unos puntos clave para que vacíes tu cabeza de falsos mitos.

1. No es una técnica de RELAJACIÓN. Aunque una de las consecuencias es la relajación, el objetivo de mindfulness es trabajar la mente.
2. No es una técnica para bajar la ANSIEDAD, aunque sí es otro efecto del mindfulness, ya que todos los ejercicios te anclan en el presente y así es imposible tener ansiedad. Solo se puede tener ansiedad si la mente piensa en el pasado o en el futuro: «¿Y si...?». «¿Y si este dolor es porque tengo una enfermedad?», «¿Y si me muero mañana?», «¿Y si pierdo el trabajo?», «¿Y si...?».
3. No es una técnica para ADELGAZAR. Si eres una persona que cuando tiene ansiedad come para relajarse, inevitablemente cuando desaparezca la ansiedad ya no necesitarás hacerlo.
4. No hay que poner la MENTE EN BLANCO. Es natural que la mente esté llena de recuerdos, imágenes, experiencias, pensamientos... Con mindfulness aprenderás a no fusionarte con ellos; no es necesario que desaparezcan.
5. «Meditar es agradable; si no lo es, es que algo estoy haciendo mal». Hay días que será muy agradable, otros días desagradable porque tu mente va a mucha velocidad y otros días tendrás una sensación neutra, ni buena ni mala. De todo se aprende, lo importante es la constancia para poder observar el estado de la mente.
6. No es una TÉCNICA DE CONTROL MENTAL. Nada más lejos de la realidad, el control es lo que te llevará al desequilibrio mental. Mindfulness es una técnica de respeto,

aceptación y adaptación hacia ti, hacia los demás y hacia el mundo, con la que aprenderás a gestionar emociones, pensamientos y conductas, y a aumentar tu resiliencia. Tú puedes elegir no subir a ningún tren, pero no puedes controlar que no pase ninguno por la estación. Mindfulness es subirte a la tabla y surfear las olas, mantener el equilibrio, sentir las emociones tal como vienen.

7. No es una TÉCNICA DE CONTROL EMOCIONAL, las emociones se disparan antes que la razón, si luchas contra ellas para no sentirlas se harán más resistentes, lo único que podemos hacer es notarlas en el cuerpo y, una vez alcanzan el pico de intensidad, esperar y sentir cómo empiezan a descender y vuelves a la serenidad.
8. No es una técnica para PENSAR EN POSITIVO. El cerebro se habitúa a las frases positivas y cada vez necesita más frases positivas para conseguir el mismo efecto. Es como el que tiene alguna adicción, cada vez necesita una dosis mayor para conseguir el estado inicial. En nuestro caso, para avanzar necesitas actitud, disciplina, paciencia y pasión. Estos valores sí que los trabajarás en mindfulness.
9. No es una TÉCNICA PARA ELIMINAR EL DOLOR, no es el objetivo, pero sí es verdad que el dolor tensional por una enfermedad, las migrañas o incluso por la pérdida de un ser querido, se atenúa con el mindfulness y con el tapping, porque, tal como le ocurre al guerrero al quitarse la armadura después de la batalla, el cuerpo deja de luchar y la musculatura se relaja. Mindfulness te enseña a soltar pensamientos y, de manera indirecta, la tensión del cuerpo desaparece.
10. No es una técnica que LO SOLUCIONA TODO. Mindfulness te ayuda a tener el cerebro emocional y racional sanos, flexibles, con resiliencia para recuperarse lo más

pronto posible de una situación extraordinaria y volver a la serenidad. Todo esto te ayuda a poder afrontar las situaciones con más claridad.

11. Mindfulness ESTÁ LIGADO AL BUDISMO. Aunque está basado en técnicas budistas, son ejercicios sin ninguna base espiritual, cualquier persona puede practicarla, independientemente de sus creencias o su religión.
12. No es una TÉCNICA PARA MEDITAR. La meditación solo es uno de los muchos ejercicios que practicarás en mindfulness.

QUÉ TE PUEDE APORTAR

Además de ser una nueva manera de funcionar, el mindfulness aumenta la concentración, mejora la calidad del sueño, refuerza el sistema inmunitario, hace que desaparezca la ansiedad y el estrés negativo, no necesitas comer para calmar la mente, enlentece el envejecimiento, te ayuda a conectarte mejor con las demás personas y contigo misma, mejora la digestión, baja el dolor muscular causado por la tensión, aumenta la resiliencia de tu cerebro emocional y consigue volver a un estado de serenidad y bienestar con más facilidad. Ahí es nada, ¿eh? Pero ¡estos son los beneficios indirectos! El objetivo de mindfulness es desconectar el modo automático y vivir conscientemente.

Puedes utilizar esta técnica puntualmente, como quien va a la academia de inglés dos veces a la semana, o puedes incorporar la técnica a tu vida para que tu mente empiece a funcionar de otra manera, como hice yo, que adopté el mindfulness como filosofía de vida. Digamos que en vez de ir a la academia dos veces a la semana, me fui a vivir a Inglaterra, ¿captas la idea?

No te voy a engañar, la técnica es muy sencilla, puedes hacer los ejercicios sin que te supongan un superesfuerzo. AHÍ RESIDE EL QUID DEL ASUNTO, en conseguir que tu mente no se ponga en modo automático cuando haces algo tan sencillo como lavarte los dientes. Es un nuevo reto, ¿te atreves?

QUÉ PASARÁ EN TU CEREBRO

A no ser que estés meditando a diario, tu cerebro trabaja en modo «mente de mono» o «modo zapping», es decir, pasa de un pensamiento a otro sin parar, yendo del pasado —«¿Por qué fue tan desagradable conmigo?»— al futuro —«Ya verás cómo me volverá a pasar»— o del futuro —«¿Enfermaré de cáncer?»— al pasado —«Como el año pasado murió tanta gente...»—, sin pasar por el presente. Fabricas más de setenta mil pensamientos al día y el 85 por ciento de tus conductas son automáticas. Esto estresa mucho tu cerebro, lo que hace que aumente el riesgo de accidentes y errores en tu día a día. ¡Tienes que abrir una ventana para que entre el aire!

ABRIR UNA VENTANA

Ahora te mueves del pasado al futuro y del futuro al pasado sin pasar por el presente. Es una ventana que se ha cerrado. Vas a abrirla para que tengas un nivel de tolerancia saludable, es decir, para que después de un problema puedas recuperar la estabilidad lo más rápido posible sin generar sufrimiento. Más adelante te hablaré de la diferencia entre el sufrimiento que acompaña la condición humana y no puedes evitar, y el doble sufrimiento que sí puedes eludir.

Al hacer los ejercicios esa ventana se irá abriendo y cuanto más incorpores mindfulness a tu día a día, más pronto notarás los beneficios. Seguramente, en dos semanas notarás el cambio.

Mientras practicas mindfulness, aprovechas la plasticidad de tu cerebro, que es moldeable, hasta que este empiece a funcionar en modo mindfulness de manera natural y sin esfuerzo. En realidad, no es aprender algo nuevo, sino recuperar una capacidad con la que naciste y que has ido perdiendo con el tiempo. Demasiadas prisas, presión, juicios, estrés, ansiedad. Con mindfulness puedes recuperar la capacidad de estabilizar la mente, aunque el mundo gire muy rápido.

Es una técnica muy sencilla, pero al principio no es fácil, porque tu mente tendrá tendencia a funcionar como siempre ha hecho, de forma que tendrás que corregir una y otra vez hasta que ya no sea necesario, porque ya lo hará de manera automática y fácil.

EXPERIENCIA PERSONAL

Hace dieciséis años que practico mindfulness, pero cuando conocí esta técnica no tenía ninguna esperanza en ella. La estudié para aprobar el examen y la experimenté por curiosidad, aunque había conceptos que me costaba entender, como «soltar pensamientos», «soltar el pasado», «soltar el futuro», «vivir en el presente». «¡Ya vivo en el presente!, ¿dónde piensan que vivo, esta gente? ¿en la Edad Media?». Además, siempre había pensado que lo que me iba a ayudar de verdad sería una técnica muy complicada y cara, que tendría que ir a la otra punta del mundo a aprenderla, y no una técnica gratis, con ridículos ejercicios. Si era tan fácil y barato terminar con la ansiedad, ¿por qué ningún psiquiatra o psicóloga me había hablado de ella? Supongo que porque me costaba confiar en lo sencillo y lo complicado lo veía tan difícil y caro que terminé aceptando las pastillas que me ofreció el médico.

Hasta que, un día, debía de tener unos treinta y cinco años, ayudé a una amiga con un problema. Me abrazó y me dijo: «Me gustaría ser como tú», y le contesté: «No creo, como yo, no quiero ser ni yo». Pero empecé a pensar que quizá sí podía ser de otra manera. ¿Y si probaba esos ridículos ejercicios? Tampoco tenía nada que perder, y los resultados que prometían era lo que estaba buscando.

Así que comencé a practicar con cero motivación, simplemente hacía el ejercicio. La práctica formal, el sentarme a meditar, al principio fue un desastre porque mi mente era caótica. No era un mono saltando de una liana a otra, era una manada peleándose por llamar mi atención y, a la vez, pensaba: «¡Con las cosas que tengo que hacer!, ¿qué hago aquí sentada?», y durante el día, hacía los ejercicios de la práctica informal. Ahí no había tanto problema porque no tenía que hacer nada especial, solo observar mis sensaciones en cualquier situación, mientras andaba o miraba la tele o trabajaba... No entendía la utilidad que eso podía tener, lo hacía y punto.

Llegó la primera señal

A las dos semanas bajó la ansiedad. Fue como si hubiera estado muchos años en una habitación oscura y, de repente, se encendiera la luz. Entonces me di cuenta de que mientras hacía los ejercicios, que luego te explicaré, no había ansiedad, y cuando terminaba de hacerlos, al poco tiempo, la ansiedad volvía. No obstante, la suma de días haciéndolos hizo que mi cerebro estuviera más tiempo sin ansiedad durante el día, hasta que, a las dos semanas, como si le hubiera dado la vuelta a la tortilla, pasé de ser una persona con ansiedad que de vez en cuando tiene un momento de paz, a ser una persona en paz que de vez en cuando tiene momentos de ansiedad. Y ahí me volví una adicta al mindfulness; así, si pelaba una patata, era en modo mindfulness; si me lavaba los dientes, en modo mindfulness; si me duchaba, lavaba los platos, andaba... todo lo hacía en modo mindfulness. Piensa que había perdido la esperanza de vivir sin ansiedad, tenía cuarenta años y no recordaba lo que era sentir serenidad. Para mí el mundo era un lugar peligroso donde pasaban cosas que no podía controlar. No quiero engañarte: el cambio fue bastante rápido, pero los ansiolíticos todavía los llevaba en el bolso; era como si no creyera que el cambio fuera real y que en cualquier momento volvería la ansiedad. Tenía que seguir trabajando para que la confianza en mí fuera creciendo, hasta ser estable como una tabla en la que sentirme segura.

Había una frase del creador de la técnica, John Kabat Zin, que me había atraído desde el principio, pero fue entonces cuando la entendí: «Mindfulness es como salir de casa un día de niebla espesa, que parece que no te mojas, pero esa humedad va calando poco a poco y cuando vuelves a casa, te das cuenta de que estás completamente empapada».

Mindfulness no puedes comprarlo ni con todo el oro del mundo. Vas haciendo los ejercicios cada día, hasta que un día te percatas de que mindfulness te ha calado completamente.

Siempre me sacan una sonrisa las personas que me dicen que no pueden cambiar, que siempre han sido así, me recuerdan a mí.

¡Vamos a empezar!

Si has vaciado un poco el armario con el tapping y el diálogo socrático, esta técnica te será mucho más fácil de utilizar.

Cada semana tendrás un tema y dos tipos de ejercicios, uno formal y otro informal. No cambies el orden de las semanas porque va de menos a más, del cuerpo a la mente. Tiene su sentido: para poder trabajar con la mente, primero te tienes que anclar a tu cuerpo. Aunque creas que estás dentro de tu cuerpo, en realidad estás solo en tu mente, en el mundo de las ideas, y bajas a tu cuerpo únicamente para cubrir las necesidades que no puedes satisfacer de manera automática, como cuando tienes frío, hambre o sed, has de ducharte, hacer la comida; sin embargo, en cuanto las resuelves, tu mente vuelve al modo automático.

A partir de ahora, eso va a cambiar. Por eso es más importante tu actitud y tu persistencia que hacerlo bien. Es más ¡no tengas expectativas! Salga como salga es perfecto, no hay manera de hacerlo mal, puesto que es la constancia en venir al presente lo que producirá un cambio en ti. Yo también aprendí mindfulness con un libro y al principio iba perdida, pero el resultado ha sido muy bueno.

En ocho semanas te va a cambiar la vida, como me sucedió a mí. Aunque obviamente es preferible, no es necesario que hagas los ejercicios con ganas, simplemente hazlos, funciona igual. Recuerda: NO cambies el orden de las semanas.

PRIMERA SEMANA: ¡RESPIRA!

Empezamos por la respiración porque es la base, será lo que te anclará al presente. No puedes respirar en pasado y no sabes si dentro de un minuto estarás respirando, de manera que cuando te concentres en la respiración tendrás la certeza de que estás en el presente. Mantenerte en el presente es lo que abrirá esa ventana de tolerancia y flexibilidad en tu cerebro, y te traerá la paz mental, el equilibrio. Sé que parece fácil, pero no te confíes; respirar y no pensar puede resultar algo más complejo.

ACTIVA LA MIRADA DE NIÑA

Es la mirada con la que miras las cosas por primera vez. Hay una frase de Louise Glück que me encanta y que dice: «Miramos el mundo una sola vez, en la infancia. El resto es memoria». En realidad, todo lo estás viendo por primera vez, si desconectas el modo automático te será más fácil de percibir. Te pongo un ejemplo: busca una foto de una calle del lugar donde vives, o de ti misma, de hace diez años, y una foto de ahora. Esos cambios que ves no se dan de golpe, sino que día a día todo va cambiando. Una pared recién pintada día a día va cambiando su tonalidad, una casa no aparece de repente, sino que día a día va construyéndose y una vez construida, empieza a deteriorarse. Lo único que permanece es el cambio, la evolución, la adaptación a las nuevas circunstancias. Esta actitud te hará fuerte sin perder tu flexibilidad e irá aumentando tu resiliencia.

Cuando salgas hoy a la calle, hazlo con ojos de niña que descubre esa calle por primera vez —como cuando estás haciendo turismo por alguna ciudad—, mira bien las paredes de las casas, observa el suelo, los balcones, las ventanas, los rincones, como si los vieras por primera vez; vacía la mochila de pensamientos, solo observa esa calle como si fuera la primera vez que estás ahí, porque, de hecho, y teniendo en cuenta que todo cambia, es la primera vez que lo ves tal como lo estás viendo ahora —incluso si has pasado cincuenta veces por ahí —.

Esta mirada de niña es importante para desactivar la tendencia natural de hacer predicciones. «Ya sé lo que va a pasar», «Ya sé lo que me va a decir», pensamientos que activan nuestra parte no verbal. Es decir, cómo me siento cuando, por ejemplo, pienso «Nunca encontraré una pareja que valga la pena» y estoy en una fiesta con un grupo de amigos; imagina que se activa la tristeza y, cuando esto pasa, nuestra conducta cambia, me cuesta más relacionarme, estoy seria, poco comunicativa y seguramente ese día nadie me parecerá interesante. En mi cabeza se confirmará el pensamiento «Nunca encontraré una pareja que valga la pena» y en la próxima reunión de amigos se activará con más fuerza, porque las neuronas que se disparan juntas tienen tendencia a dispararse juntas, es decir, a activar las mismas conductas y los mismos pensamientos.

Solución: primero vacía la mochila de pensamientos, prejuicios y etiquetas. Ahora pon mirada de niña, abre bien los ojos, con mucha curiosidad. ¡Sé valiente!, abre la mente y confía. ¿Qué es lo más peligroso que puede pasar? ¿Que no conozcas a nadie interesante? Pero ¡eso no es peligroso! y, a cambio, habrás experimentado una manera nueva de percibir el mundo y la gente que te rodea ¡y a ti misma!

ACTIVA EL GUARDIÁN DE LA MENTE

El guardián de la mente es nuestro yo observador, el que vigila nuestras emociones, sensaciones, conductas y pensamientos, y te avisa para que puedas desconectar el modo automático si lo crees necesario. Por ejemplo, vas demasiado deprisa y eso está generando estrés en tu sistema nervioso. Quizá te has dormido y has tenido que correr para no llegar tarde al trabajo, y está muy bien, pero son las once de la mañana y sigues corriendo. Si eres consciente puedes decidir bajar el ritmo o mantenerlo. También te avisará si estás tensando la mandíbula, para que la relajes, o si tu respiración es estresante para que la puedas cambiar si lo deseas. Si estás haciendo deporte serás consciente de la respiración intensa pero no la cambiarás porque la necesitas; en cambio, si estás sentada en el sofá, no tiene sentido respirar con la parte alta del pulmón, que es la más estrecha y estresante. Quiero que quede claro que no debes hacer nada extraordinario como tal, porque el guardián se activa solo, a los pocos días de hacer los ejercicios. Si tú estás andando y bajas la mente a los pies, las sensaciones del suelo, la temperatura, el calzado, se amplificarán. Si lo haces cada día, llega un momento que se activa solo, y si estás sentada en el ordenador y estás apretando la mandíbula por el estrés, el guardián te avisará y tu podrás decidir si sigues apretándola o no. Tal vez estás sujetando un cable con la boca y tienes que apretar. El guardián solo avisa, tú decides.

Muchas veces el dolor muscular por una mala postura es porque vamos tan automatizadas que nos hemos vuelto sordas, y el guardián deja de avisar. Solo hay que ponerlo en marcha otra vez. Es fácil y rápido; con hacer los ejercicios basta.

Ejercicio formal

ESPACIO · ASIENTO · MOMENTO · TIEMPO

Espacio

Lo primero que tienes que decidir es dónde lo harás, puede ser cualquier espacio que en ese momento del día no haya nadie. Que sea el mismo lugar cada día te ayudará a entrar en la meditación más rápido, aunque con el tiempo meditarás en cualquier lugar. Los estímulos, como dejar una vela a la vista, que suene una alarma con sonido de gong a la hora de meditar, pedir a Siri o Alexa que pongan una música para meditar, o colocar los palitos de incienso a la vista. Es como el que come galletas, no porque tenga hambre, sino porque las ha visto encima de la mesa; si las hubiera tenido que ir a buscar, la probabilidad de comer galletas, baja. Te cuento cómo lo hice yo.

Decidí ponerme en una terraza cubierta que tenía, muy pequeña, pero eso me gustaba, me hacía sentir recogida, y donde nadie me podía interrumpir, sobre todo porque eran las seis y media de la mañana. Según la temperatura, unos días me echaba una manta finita sobre los hombros o a veces otra más gruesa. Y en los meses más fríos me iba a una habitación interior.

Para crear ambiente, aunque no es necesario, encendía una vela, no era aromática porque lo probé una vez y a los diez minutos ya no podía soportar el olor, pero sí encendía una barrita de incienso. El incienso me encanta, pero a mi familia no, y ese era un momento en el que podía encenderlo sin que nadie se quejara, porque estaba sola.

Asiento

Empecé sentada en una silla y cuando vi que me lo tomaba en serio, me compré un cojín de meditación, un zafu, y, unos meses después, un zabuton, que va debajo del zafu. El asiento debe ser cómodo, pero no demasiado porque podrías dormirte. No vas a hacer una relajación, vas a trabajar la mente. Coloca la espalda recta y relajada, y, si estás sentada sobre un cojín en el suelo, las piernas pueden estar cruzadas en posición de loto o medio loto; en esta postura has de vigilar que tus rodillas no sobrepasen la altura de las caderas para evitar el dolor lumbar. También puedes sentarte en una silla, con las manos encima de las piernas o en el regazo.

Momento

Me dijeron que el mejor momento para practicar la respiración es al levantarse porque la mente no va a tanta velocidad. Lo probé y me fue genial, aunque alguna vez lo he hecho de tarde en fin de semana, o después de una cena ligera, y también me parece fantástico. No se trata de escoger una hora en concreto, sino un momento del día, al levantarte o al llegar de trabajar o antes de comer o después de cenar, sea la hora que sea. Como al principio solo es un minuto, si lo vas a hacer por la mañana, puedes levantarte un minuto antes de tu hora e ir al asiento que ya tienes preparado. Si te va mejor al llegar de trabajar o antes de acostarte, también está bien. Por la mañana te ayuda a abrir la mente y por la noche a calmarla y cerrar el día. Por supuesto, también puedes hacerlo mañana y noche, todo suma para mejor, pero no es imprescindible.

Tiempo

Intenté empezar directamente con veinte minutos y fue una barbaridad porque a los dos minutos ya no podía más y me frustré, pensé que no lo podría conseguir. Se me hizo tal montaña que no podía pensar en minutos, así que decidí empezar contando diez respiraciones y, cuando terminaba, me levantaba del asiento. Sin darme cuenta estaba más de dos minutos, así que pronto pude programar el temporizador a cinco minutos e ir aumentando. Cuando llegué al minuto doce, ya no me costó llegar al quince, y luego al veinte.

Empieza por un minuto

Busca la fórmula que te vaya mejor. Puedes empezar contando respiraciones o poniendo el temporizador un minuto. A la larga, será un espacio de calma que tu cerebro y tu cuerpo te pedirán. Tu objetivo es llegar a veinte minutos. Sé que parece mucho, pero si lo comparas con los mil cuatrocientos cuarenta minutos que tiene el día y los beneficios que te puede aportar, ya no parece tan descabellado, verás que es una proporción de lo más sensata. Los primeros minutos son los más largos, tendrás la sensación de que tu mente va a mucha velocidad, es muy intensa. No es una sensación, tu mente va a mucha velocidad, acabas de soltar el modo automático y eres consciente de ese dato. Simplemente, obsérvala y no te juzgues si te cuesta. Es normal, tan solo regresa a la respiración y sé amable contigo.

Aplicaciones móviles

Cuencos tibetanos. Hay aplicaciones en las que puedes poner el temporizador un minuto, suena un cuenco tibetano o gong y tú decides si te ves capaz de estar otro minuto más o decides parar. También puedes poner el temporizador en el móvil para no estar pendiente de la hora e ir aumentando el tiempo progresivamente cada semana.

Metáfora

La parte formal de mindfulness es como estar en una estación de tren. Estás en el andén y ves llegar y marchar trenes, pero no vas a subir a ninguno. Si te enganchas a un pensamiento significa que te has subido a un tren, baja y vuelve al andén. Bajar del tren significa volver a observar la respiración.

¿Tienes pensado ya tu espacio, tu asiento, tu momento y tu temporizador? ¡Vamos a empezar!

Ejercicio formal

Siéntate en ese espacio que has elegido, pon el temporizador un minuto y a un volumen discreto, cierra los ojos, dirige la mirada a un punto entre las cejas o la punta de la nariz y cuenta las respiraciones que haces en ese tiempo. Empieza por un minuto, con la intención de llegar a los dos minutos al terminar la semana. Es normal, sobre todo al principio o días en los que estás más nerviosa, que la mente abandone tu cuerpo y se suba a todos los trenes que pasan. Con mucho cariño, baja entonces del tren y vuelve al ejercicio, sin enfadarte. Ya verás que poco a poco se queda contigo en el andén. Piensa que, hagas como hagas este ejercicio, está bien hecho. No se trata de que la mente no se vaya, sino de que cuando te des cuenta de que ya no estás, vuelvas al ejercicio. Empieza a hacerlo mientras lo lees:

1. Nota cómo entra un aire fresco por la nariz y síguelo mentalmente, sintiendo cómo se llenan los pulmones.
2. Sé consciente de la parada que hay antes de empezar a soltar el aire.
3. Suelta el aire poco a poco notando ese aire caliente que sale de dentro y cómo se va vaciando el pulmón.
4. Sé consciente de la parada que hay antes de empezar la siguiente respiración.
5. ¿Te ves capaz de aguantar un minuto más? ¡Adelante! Si no, también está bien, nos vemos mañana.

Ejercicio informal

A esta parte me adapté con mucha más facilidad, porque no tenía tiempo, las niñas todavía eran pequeñas, estudiaba, me habían diagnosticado una discapacidad, no necesitaba más estrés en mi vida y si hubiera tenido que buscar tiempo para añadir actividades, hubiera terminado abandonando. Así que adapté el mindfulness a mi día a día y a mis actividades como hábito, sin invertir más tiempo. Te comparto los ejercicios que yo hice, pero puedes hacerlos con cualquier actividad; el secreto es sentir, traer tu mente al cuerpo sin juzgar, de modo amable, abriendo la mente, sintiendo lo que estás haciendo, NO PENSÁNDOLO.

No es necesario que estés varios minutos en una sensación, simplemente siéntela, sé consciente de ella y suéltala. En otras palabras, pon el foco de atención en esa parte de tu cuerpo, nota las sensaciones y, cuando tú quieras, puedes apartar el foco y dirigirlo hacia otra parte. Imagina que enciendes una luz y luego la apagas. Lo bueno de esta técnica informal es que puede aplicarse en cualquier momento y actividad. Te pongo unos ejemplos:

- Al lavarme los dientes: notaba cómo el cepillo pasaba por mis dientes, las sensaciones en la boca, la presión de la mano sobre el cepillo, el movimiento de mi mano, el tacto con el cepillo, el agua en la boca al enjuagar... No iba ni más lenta ni más rápida ni nombraba todo lo que estaba haciendo, simplemente notaba las sensaciones. NO LAS PIENSES, SOLO SIÉNTELAS.
- Al ducharme: notaba el agua caliente, el jabón, el olor, la temperatura, las sensaciones al frotar mi cuerpo, la cabeza, el frío al salir de la ducha, la toalla al cubrir mi cuerpo, si era suave, si la notaba caliente o fría...
- Al conducir: percibía el tacto del volante, la temperatura, la forma, las costuras. Notaba la presión de los glúteos en el asiento, era consciente de que había un asiento que me sostenía, que no estaba flotando, notaba el respaldo, las sensaciones, el olor del coche. Simplemente pasaba de una sensación a otra y luego ya me ponía a pensar dónde aparcaría o qué tenía que

hacer al llegar. El traer la mente, unos segundos, a las sensaciones del cuerpo es lo que hizo que mi mente cambiara y empezara a trabajar sin ansiedad.

- Empecé a practicarlo cuando pelaba una fruta, cuando me la comía; cuando andaba me fijaba en las sensaciones en la planta de los pies, en la velocidad, en la coordinación de las piernas, el movimiento de los brazos... y todo con mucha curiosidad, observándolo como si estuviera investigando algo, abriendo la mente. De esta manera activaba el guardián de la mente, que observa cómo está mi cuerpo, y la mirada de niña, que ve las cosas como si fuera la primera vez, lo que me permitió ser más consciente de que todo cambia, y también me ayudó a detectar etiquetas y prejuicios que había heredado de la educación y la sociedad en la que vivía.

Por ejemplo, dejé de preguntar la edad, porque fui consciente de que esa información no me aportaba nada de valor. Puedes pensar que una persona de sesenta años tiene más experiencia que una de treinta, pero no siempre coincide. O que una persona mayor va a morir antes, pero tampoco es real porque la gente joven también muere. O que una persona negra o con rasgos asiáticos no puede ser española. O que lo normal es ser hetero cis y necesitar averiguar la preferencia sexual de las personas como si fuera importante, y luego decir que a ti no te importa. Entonces ¿por qué lo preguntas? O tratar a una persona con síndrome de Down como si fuera un niño, aunque tenga cuarenta años. Son conductas poco coherentes dirigidas por etiquetas y prejuicios.

SEGUNDA SEMANA: EL CUERPO

Si pensar en un limón puede hacer que la boca se llene de saliva, imagina toda la cascada de sustancias que producía mi cuerpo al cabo del día, cuando pensaba que no llegaba a todo, que no sabía organizarme, que debería ser más rápida, no equivocarme, ser más resolutiva, y los «piropos» cuando me equivocaba. «Eres un desastre», «Todo lo haces mal», «Nadie te querrá a su lado», «No te despiden porque les das pena», «Molestas más que ayudas», «Quieres aparentar lo que no eres»... y paro porque si no me freno, a tóxica no me gana(ba) nadie.

Durante el día la tensión la notaba en la boca del estómago, era miedo. Recuerdo que, ya comía en el instituto, y una o dos veces al año tenían que hacerme dieta blanda por el dolor de estómago que tenía. Y a los treinta años, casada, trabajando y con dos niñas pequeñas, me diagnosticaron una úlcera de duodeno: el estrés me comía por dentro. Iba sumando años, responsabilidades, y la presión iba aumentando. Nadie me enseñó a gestionar lo que me pasaba, el mensaje que me llegaba, aunque nadie me lo dijera, era que eso era lo normal, que no valía la pena quejarse porque no servía de nada. O, por lo menos, eso era lo que veía a mi alrededor: mujeres sobrecargadas quejándose o no, que no pedían ayuda porque las demás también estaban sobrecargadas o porque no querían reconocer que no podían con todo. Por otro lado, los hombres y las mujeres tenían funciones distintas que nunca se cruzaban. Las mujeres no podían ayudar a los hombres, porque no entendían de sus cosas, y los hombres no podían ayudar a las mujeres por lo mismo, y con esa maleta de ideas preconcebidas me casé. A los problemas de estómago se sumaron los ataques de pánico por la noche, despertarme sin poder respirar y con la sensación de que iba a morir. Así que ya ves que lo más urgente era calmar mi cuerpo, mi parte animal.

DIFERENTES MANERAS DE PERCIBIR

«El sol sale para todas, pero cada una lo percibe de una manera distinta».

Lo que percibes moldea tu experiencia, tu manera de relacionarte con el mundo. Con mindfulness aprendí a mirar sin juzgar, es decir, mirar y parar todos los pensamientos, y fue cuando experimenté que el problema no era la realidad, sino los pensamientos. Quédate con esta frase: «La realidad es más amable que los pensamientos que generas».

Por ejemplo, un pensamiento que tuve que trabajar fue «Mi madre prefiere hijos varones». No es ni bueno ni malo porque nos alimentó a todos por igual, nos pagó los estudios y nos dio un techo, pero, por su educación, los hombres tenían valor y las mujeres no. Durante muchos años los pensamientos eran «Mi madre no me quiere», «Fui un accidente», «Buscaban el niño y nací yo», «¡Menuda decepción, nunca me querrá como a mis hermanos». Cuando estaba con mi madre y venían esos pensamientos, se activaba la rabia, y eso hacía que se solapasen más pensamientos: «No hay derecho, debería quererme igual, no he hecho nada para que no me quiera, soy una mujer, ¿por qué no tengo valor para ella?». Mi cuerpo reaccionaba con dolor en el estómago, mala cara, contestaciones secas y poco cariñosas.

¿Y si esos pensamientos no existieran? ¿Y si simplemente viera a una mujer que me cuida a pesar de haber aprendido que las mujeres no tenemos valor?

Aceptar la realidad sin luchar, sin enfadarme me ayudó a tener una relación más sana con ella, cuando yo ya tenía más de cuarenta años. No me refiero a entenderla y aguantar el malestar y el dolor, sino a entenderla estando en paz.

Abrir la mente y observar el momento tal como es, no como debería ser, ni cómo fue la semana pasada y la otra, sino vaciar la mochila y percibir las personas y las situaciones tal como vienen en este momento, sin pensarlas, solo sintiéndolas.

¡Ahora te toca practicar a ti! No quiero que solo leas, quiero que lo sientas, que juegues con tus pensamientos, emociones y sensaciones, que investigues. Cuanto más consciente seas de los cambios en tu cuerpo y en tu mente, más fácil te será soltar las emociones, los pensamientos y las sensaciones.

Llega un pensamiento. ¿En qué parte de tu cuerpo lo notas? ¿Es agradable, desagradable, neutro? Notas una emoción. ¿Qué notas? ¿Dónde la notas? ¿Cómo es esa emoción? ¿Es aburrimiento, rabia, tristeza...? Percibes una sensación. Obsérvala. ¿Sientes hormigueo? ¿Una presión constante? ¿Algo más agudo? ¿Cambia cuando varías la posición? Simplemente nótala, no es necesario que busques un motivo; nuestro cuerpo y cerebro se están regulando continuamente. ¿Eres capaz de recordar cómo te sentías ayer a esta misma hora? ¿Qué sensaciones tenías en las piernas o en los brazos? ¿Y la semana pasada? ¿Y el mes pasado a esta misma hora? Es difícil, ¿verdad?

Sé consciente de que todo cambia, solo hay un yo que permanece. Tus emociones, pensamientos, sensaciones, tu físico... Todo cambia cada día, en cada momento, pero, a pesar de los cambios y de los años que pasan, siempre te reconoces, sabes que eres tú. Este pensamiento hizo que me uniera más a mí misma: era la única persona que estaría siempre conmigo. Valía la pena empezar a conocerla, a dejar de juzgarla, y amarla tal como es.

METÁFORA

Si has ido por carreteras de montaña con mucho desnivel, quizá te hayas fijado que en las bajadas hay salidas paralelas a la carretera para que los camiones que no pueden frenar salgan y recuperen el control. Eso era lo que necesitaba, salir de mi mente para recuperar el control de mi cuerpo. Puede que tú también, así que te digo cómo hacerlo.

Ejercicio formal

Ya tienes tu espacio, tu asiento, tu momento del día, concéntrate en la respiración. Ahora hay que añadir el ejercicio del cuerpo a diario para ir creando habituación. Es hora de poner cinco minutos el temporizador.

1. Ejercicio de la respiración. Durante un minuto haz lo mismo que la semana pasada. Nota cómo entra el aire por tu nariz, cómo se hinchan tus pulmones... es un aire fresco, llega un momento en que se detiene la respiración, es una pausa de un segundo, y ahora, suelta el aire por la nariz; si estás muy tensa, las primeras respiraciones, dos o tres, suelta el aire por la boca, descargarás más tensión. Y antes de empezar la siguiente respiración, sé consciente de que todo se detiene.
2. Ejercicio corporal. Cierra los ojos e imagina que te tiras de cabeza a una piscina. Esa piscina es tu cuerpo y quien se tira es tu mente, tu yo observador. Memoriza estos siete puntos y, desde tu posición, bucea hasta cada uno de ellos, observándolos con curiosidad, sin juzgar: como estén es como necesitan estar. Solo toma nota de cómo está tu cuerpo en este momento; estás poniendo en marcha el guardián de la mente. Te ayudará a darte cuenta de cuándo estás tensando una parte de tu cuerpo para poder soltarla.
    a. De abajo arriba:

        - pies
        - glúteos
        - manos
        - columna
        - mandíbula-boca
        - ojos

b. Escaneo corporal:

- Detente en cada punto. Focaliza tu atención ahí. ¿Qué sientes? ¿Es agradable, desagradable, neutro?, ¿sientes hormigueo?, ¿calor?, ¿frío?, ¿tensión?, ¿dolor?, ¿presión? Recórrelo por dentro y por fuera sin juzgar, solo para obtener información, como quien entra en su casa y revisa cómo está todo.
- Ejemplos: noto la presión de los glúteos en el asiento. Soy consciente de que no estoy flotando. Hay un asiento que me sostiene. Siento el tacto del pantalón en las palmas de las manos —es suave—, noto la diferencia de temperatura entre la palma y el dorso de la mano, noto cada uno de los dedos. Noto los pies, la planta de los pies tocando el suelo, noto los calcetines, noto los dedos fríos. Noto la columna, recorro la espalda, siento tensión en el hombro izquierdo, noto una especie de hormigueo en las lumbares. Noto la boca, si está seca o húmeda, siento los dientes, la lengua, el paladar. Me dirijo a los ojos, observo toda la musculatura que los rodea, ¿cómo está esa musculatura? Junto con la mandíbula, es la musculatura de la cara que más trabaja, te permite expresar la rabia, el miedo, la tristeza, la felicidad. Deja que entre aire fresco en cada uno de estos siete puntos.

Ejercicio informal

Recuerda: no lo pienses, siéntelo.

1. Mira la lluvia, obsérvala sin juzgarla, simplemente mírala caer, como está cayendo es perfecta, es como debería caer.
2. Mira el mar, o recuérdalo. Sé consciente de que, esté como esté el mar, te relajas, aunque haya olas altas. Eso es porque no lo estás juzgando —«Debería estar en calma, no debería haber olas, debería tener un azul intenso...»—. Cuando juzgamos generamos tensión, malestar, esto es lo que nos pasa a los humanos. Así que el reto aquí es aprender a mirarte sin juzgarte. A mí me costó aceptar mis piernas, siempre decía que deberían ser más largas y delgadas, pero mis piernas me han llevado a todos lados, me han permitido hacer deporte, ir con las amigas, bailar... ¡Tengo suerte de que no se negaran a moverse por hablarles mal! De momento solo observa lo que ves, sin hacer un juicio, y nota cómo te sientes cuando juzgas y cuando no juzgas. Simplemente sé consciente.
3. ¿Alguna vez te has preguntado cuánto tiempo te dura una emoción? Seguramente te sorprenda saber que, según los estudios que se han realizado, el tiempo medio de manifestación de una emoción son noventa segundos. Obviamente, nos parece más porque atrapamos esa emoción y la retenemos. La rabia parece que dura mucho tiempo, pero al final se disuelve, igual que sucede con la tristeza, el aburrimiento o el miedo. Así que, cuando venga una emoción desagradable, nota dónde la sientes en el cuerpo, ¿quizá en el pecho?, ¿en la boca del estómago?, ¿mandíbula? Simplemente siéntela y ponle una nota de intensidad del 0 al 10, para saber

hasta dónde ha subido el pico. Más tarde, sé consciente de cómo está esa emoción, y, si todavía está, ¿qué nota le pones ahora? Confía en tu cuerpo, en ese lugar donde sientes la emoción, para ser consciente de si se mantiene en el pico, si está bajando o si ya está a 0. Fue muy importante para mí darme cuenta de que las emociones no son, para nada, eternas, sino que van y vienen, que en el momento que sentía rabia era muy intensa y parecía que no se iba a ir nunca y, luego, mientras hacía cualquier cosa, era consciente de que esa emoción ya se había ido. Nota cómo estás ahora y cómo se disuelven las emociones.

4. ¿Qué te gusta y qué no te gusta? Date cuenta cómo la mente clasifica las cosas en «me gusta» y «no me gusta», y cómo lucha contra lo que no le gusta creando sufrimiento. Te pongo un ejemplo: yo no quería que mi pareja fumara, y aunque nunca lo hacía en casa, cuando pensaba que fumaba, mis pensamientos me creaban sufrimiento. O si me venía el pensamiento de que mi madre debería cuidarse más, o cuando se me quemaba la comida o se me olvidaba tender la lavadora y tenía que volverla a lavar, se me disparaba la rabia, la tristeza o el miedo a equivocarme otra vez. Es importante también, como bien introducía en la pregunta inicial, que seas consciente de las cosas que te hacen sentir bien, de las cosas que te gustan. De momento, el ejercicio es darte cuenta de cómo la mente etiqueta lo que no le gusta y lucha contra ello creando sufrimiento. Sé consciente de que hay caminos —conductas, pensamientos...— que te llevan al malestar y otros al bienestar. Para que haya un cambio en ti, primero tienes que ser consciente de qué manera trabaja tu mente, y, al hacer los ejercicios que te voy proponiendo, y aprovechando la plasticidad

neuronal, irás moldeando tu cerebro para que tu mente trabaje de una manera distinta, más flexible y adaptativa. Luego la moldearás. Hay que ir paso a paso. Así, un alcohólico ha de ser consciente de que tiene un problema para no volver a recaer; si no, si solo deja el alcohol por las amenazas de su familia, la recaída es muy probable.

TERCERA SEMANA: ANCLA TU CUERPO AL PRESENTE

Esta semana puedes practicar en todo momento, aunque estés con más personas, porque nadie va a notar que te estás habituando a la práctica; son ejercicios de sentir el cuerpo, porque el verdadero cambio empieza en tu interior.

¿No te ha pasado nunca llegar a un sitio sin saber muy bien cómo has llegado? Recuerdo que mi cuerpo estaba dentro del coche o iba andando hacia casa, pero mi mente ya estaba en el destino gestionando todo lo que tenía que hacer. Llevaba el modo automático activado y me movía como un autómata. Mentalmente tenía conversaciones con personas que luego nunca sucedieron. Abría la puerta de casa y, mientras mi mente organizaba la siguiente tarea, mi cuerpo soltaba las llaves en algún sitio que le parecía correcto, y cuando volvía a salir de casa pensaba: «¿Dónde he dejado las llaves?» o, mejor dicho, «¿Dónde habrá dejado las llaves mi cuerpo?».

Mi cuerpo se movía mientras mi mente gestionaba el trabajo, la familia, la casa, la compra, el gimnasio, el colegio, las extraescolares...y eso me llevaba a no recordar dónde había aparcado el coche, si había cerrado la puerta, a dejarme las llaves dentro, a sufrir un esguince por no darme cuenta de que estaba bajando de la acera, a olvidarme de cosas cotidianas, etc.

Mi mente y mi cuerpo estaban disociados.

Para que baje el estrés y desaparezca la ansiedad necesitas que tu mente y tu cuerpo coincidan varias veces al día, cuantas más mejor, y anclarte así al presente. Te invito a hacerlo.

Ejercicio formal

El objetivo del ejercicio formal es bajar la mente al cuerpo para desconectar el modo automático con algún ejercicio que sea fácil y aburrido, como observar la respiración o las sensaciones en el cuerpo, estando sentada y sin apoyar la espalda si te es posible. La mente, cuando está dentro del cuerpo, se relaja; cuando sube a la cabeza se estresa por la cantidad de pensamientos. Los primeros minutos son los más difíciles, pero con el tiempo y la constancia tu mente reconocerá en tu cuerpo un espacio tranquilo donde poder descansar. Cuando lo hagas, sé consciente de que, durante los segundos que estás solo consciente de la respiración, la ansiedad y el estrés desaparecen completamente. Eso te ayudará a seguir insistiendo para aumentar los minutos del ejercicio formal. A partir de los doce minutos diarios notarás un cambio importante en tus sensaciones y en la manera de relacionarte con los demás. Tu objetivo es llegar a los veinte minutos diarios para asegurarte ese bienestar emocional que tanto deseas.

Siéntate en tu espacio y no te preocupes si no lo consigues cada día, a mí me costó un año de idas y venidas. Lo importante es volver, saber que vale la pena ese esfuerzo y que llegará un momento en el que será fácil.

Ponte el temporizador cinco minutos o más, como te veas capaz, y ¡vamos a empezar!

1. Cierra los ojos, haz tres respiraciones profundas, y en la próxima respiración, entra dentro de ti, bucea hasta tu interior, como si buscaras un espacio cómodo para descansar unos minutos. Observa cómo tu cuerpo

respira. Cuenta diez respiraciones. Si la mente se va, simplemente, con mucho cariño, vuélvela a traer a la respiración y continúa contando, no es necesario que vuelvas a empezar.

2. Imagina que tus ojos son dos linternas, dirige la mirada hacia dentro y disponte a recorrer tu casa, como si quisieras averiguar cómo está, con curiosidad. Comienza por los pies, siéntelos, por dentro y por fuera; después sigue con los glúteos, manos, columna, mandíbula, boca y ojos.

Ejercicio formal

La primera vez hice el ejercicio estando sola para concentrarme mejor, y al día siguiente ya empecé a practicarlo en cualquier situación, a cualquier hora del día, incluso estando con otras personas. Nadie se dio cuenta de que mientras me hablaban yo me estaba enraizando en el suelo o en la silla y aumentando mi estabilidad emocional.

Cuando estés de pie

Ponte de pie, sin caminar, y sigue leyendo. Solo será un momento. Nota la planta de los pies en el suelo, simplemente siente tus dedos, la planta completa, el talón tocando el suelo. No estás flotando, el suelo te sostiene, ¡enraízate! Imagina que salen raíces de las plantas de tus pies y atraviesan el suelo. Si vives en un quinto piso, imagina que esas raíces atraviesan todos los pisos hasta llegar al suelo y entran profundamente en la tierra. Agárrate al suelo. Sentir que estás en contacto con el suelo es un paso necesario para sentirte estable, y a partir de ahí crecer y empoderarte.

Siente el suelo.

¿Lo notas frío, templado o caliente?

¿Cómo sientes el calzado que llevas? ¿Blando, duro, suave? ¿Es rígido o flexible? ¿Te aprieta en algún lado?

Balancéate de un lado al otro, nota cómo pasa el peso del cuerpo de un pie al otro.

Nota las rodillas, ¿están bloqueadas o ligeramente flexionadas?

¿Cómo están colocados tus brazos?

Nota tu cabeza sobre los hombros.

¿Qué pensamientos te vienen?

¿Qué emoción? ¿Qué sensaciones?

¿Agradables, desagradables, neutras?

Cuando estés sentada

Si no estás sentada, siéntate y sigue leyendo.

Nota la presión de los glúteos.

Sé consciente de las partes de tu cuerpo que están en contacto con el asiento, y siéntelas, no las pienses.

¿Qué pensamientos te vienen?

¿Qué emoción? ¿Qué sensaciones?

¿Agradables, desagradables, neutras?

¿Sientes frío o calor? ¿La superficie que te sostiene es blanda o dura? ¿Suave o áspera? Tócala con la mano si te apetece. ¿Es una sensación agradable? ¿Te produce bienestar o incomodidad?

Cambiar

Si tienes la necesidad de modificar la postura, observa primero esa sensación, ¿estás huyendo del malestar? ¿Cuándo ha empezado? ¿Dónde lo sientes, en la espalda, las piernas, los brazos...?

¡No te muevas! Siéntelo, no te muevas de manera automática; primero da la orden en tu mente: ¿qué quieres hacer? ¿Cruzar las piernas? ¿Estirar la espalda? Decide y luego hazlo.

Cuando estés tumbada

Túmbate un momento y sigue leyendo.

Nota las partes de tu cuerpo que están en contacto con la superficie que te está sosteniendo. Sé consciente de que no estás flotando, nota cómo tu cuerpo cae a peso sobre esa superficie. ¿Percibes la presión de la gravedad en los músculos de las piernas, la espalda, la cabeza, los brazos? Todo tu cuerpo cae pesado sobre ese lugar que te sostiene. En este momento no hay nada que hacer, nada que sostener, ningún lugar al que ir... solo ser, sentir cómo entra el aire en tu cuerpo, dejando que este respire como quiera respirar en este momento.

¿Qué pensamientos te vienen?

¿Qué emoción? ¿Qué sensaciones?

¿Agradables, desagradables, neutras?

¿Sientes frío o calor? ¿La superficie que te sostiene es blanda o dura? ¿Suave o áspera? Tócala con la mano si te apetece. ¿Es una sensación agradable? ¿Te produce bienestar o incomodidad?

Cuando estés andando

Empieza a andar por el pasillo de casa. Primero, nota cómo pasas todo el peso de tu cuerpo de un pie al otro. Apoyas el talón, la planta del pie, los dedos, e inicias otro paso. Mientras tanto, contesta estas preguntas:

¿Qué pensamientos te vienen cuando caminas?

¿Qué emoción?

¿Qué sensaciones?

¿Agradables, desagradables, neutras?

¿Andas despacio o deprisa?

¿Hacia dónde te lleva esa manera de andar? ¿Hacia la insatisfacción y el estrés o hacia el bienestar y la calma? Quizá puedes hacer un pequeño movimiento que cambie la sensación y aumente la calma y el bienestar. Prueba a sonreír mientras caminas, ¿qué sensaciones notas? Prueba a dejar de mirar el suelo y, cuando estés por la calle, empieza a mirar los balcones de las casas, ¿qué tal la diferencia?

Ya puedes empezar a practicar cuando vayas por cualquier calle; no es importante la velocidad a la que avances, puedes ir corriendo o despacio, porque, recuerda, mindfulness no es sinónimo de hacer las cosas despacio, sino de observar desde la consciencia cómo te sientes emocionalmente mientras las haces y de reparar en las sensaciones en tu cuerpo: ¿voy despacio porque me siento mejor? ¿Voy deprisa por costumbre? ¿Puedo permitirme en este momento ir más despacio? ¿Qué sensaciones, emociones y pensamientos tengo cuando voy deprisa? ¿Y cuando voy despacio? Mindfulness es sentir el cuerpo.

Prueba a subir y bajar la velocidad o la amplitud de zancada mientras te diriges a tu destino, y quédate con la que te haga sentir mejor.

¿Cómo incorporar estos ejercicios a tu rutina diaria?

Posiblemente estás sentada leyendo. Siente la presión de tus glúteos en el asiento, nota la ropa que llevas puesta en contacto con la piel, siente la presión de tus dedos sujetando el libro, la temperatura de tus manos y la de tus pies. ¿Qué emoción tienes en este momento? ¿Es agradable, desagradable o neutra? No tienes que cambiar nada, solo observa tu emoción. ¿Te viene algún pensamiento a la cabeza? Localiza las sensaciones en tus brazos, en tu cuerpo, en tus piernas. ¿Necesitas cambiar la postura? ¿Por qué? ¿Cuál es el movimiento que necesitas hacer? ¿Cruzar las piernas, descruzarlas, ponerte de pie, estirar los brazos? Primero piensa qué deseas hacer y luego hazlo.

Recuerda, primero siente esa sensación que no te gusta, observa cómo es, dónde la sientes, y ahora decide qué vas a hacer y cómo lo vas a hacer.

Ejemplo: me pica la frente, es como si tuviera algo ahí que necesito quitar. Voy a rascarme con la mano izquierda.

¿Por qué hacerlo así? Porque lo que hagas en una situación sencilla como rascarse, es decir, frenar la reacción automática y decidir qué hacer, tu mente lo repetirá en otras situaciones similares o más importantes. Frenará el impulso para que puedas dar una respuesta consciente. Cuando una herramienta funciona, nuestro cerebro tiene tendencia a utilizarla hasta en situaciones en las que esa herramienta no es la mejor opción. El modo automático no es capaz de discernir entre varias situaciones; por eso, una persona que chilló cuando vio que su hijo de dos años iba a caerse por las escaleras y con ese grito consiguió que parara y no cayera, utiliza la herramienta de chillar en todas las situaciones que le generan estrés, sin ser consciente de que si chilla a su hijo cuando no quiere comer, solo aumenta el estrés. En ese momento la conducta de chillar no es efectiva, pero no se da cuenta porque vive en modo automático, su consciencia está dormida.

Si tienes dolor por una postura mantenida, te animo a que realices este ejercicio, que solo te llevará unos segundos:

1. No te muevas.
2. Sé consciente en la postura que está tu cuerpo, brazos, piernas, cabeza, manos.
3. Identifica el lugar donde sientes el dolor.
4. Decide qué postura vas a tomar.
5. Cambia la postura.

Relájate. No es necesario hacerlo todo en modo mindfulness para que funcione, con unos ejercicios al día es suficiente. Y llegará un momento que lo harás de manera natural, sin esfuerzo.

¡Ya sabes quitar el modo automático!

Cuando fui consciente de mi cuerpo, de las sensaciones, de mis movimientos, de si esa postura o esa velocidad me llevaban al bienestar o al estrés, me fue más fácil darme cuenta de adónde me llevaba esa manera de andar y a preguntarme: «¿Es este el camino que quiero tomar?», «¿Quiero seguir haciendo las cosas así?», «Esta manera de comer, ¿cómo me hace sentir?», «¿Y esta manera de hablar, de relacionarme, de pensar?».

Me percaté de lo que hacía, cómo lo hacía, y, sobre todo, de que SÍ podía cambiar la manera de hacer las cosas para sentirme mejor.

CUARTA SEMANA: DOS OBSTÁCULOS

Cambiar hábitos no me cuesta tanto si tengo una buena razón. Y también el haber estudiado la carrera de Psicología a los cuarenta años, cuando ya has experimentado la ansiedad, varios ataques de pánico, caer en una depresión y tener fobia social, haber conocido dos psiquiatras, un neurólogo-psiquiatra y dos psicólogas, y haber probado casi tantas pastillas como técnicas. Debo dar las gracias al neurólogo-psiquiatra por el día que me dijo que tendría que tomar los antidepresivos toda la vida. Muy educadamente, le pagué y me fui pensando «¡Será gilipollas...!», pero con el miedo metido dentro por si tenía razón. Busqué en la mutua una psiquiatra que fuera mujer, no me preguntes por qué, supongo que necesitaba algo diferente para poder confiar. Me hizo unas cuantas preguntas, me cambió la medicación y me dijo: «Busca una psicóloga en cuanto salgas de la consulta y en seis meses estarás bien». Se lo compré porque necesitaba creerlo, pero el miedo al qué pasará seguía en la boca del estómago.

La terapia duró un año, pero la medicación, efectivamente, a partir de los seis meses ya no me hizo falta. ¡Brutal!

Esta fue mi buena razón para probar todas las técnicas que estaba estudiando y sentir cuáles funcionaban y cuáles no. Y, por eso, ha llegado el momento de compartir contigo dos de ellas.

LA PEREZA Y EL DESEO: LOS OBSTÁCULOS

Voy a presentarte los dos obstáculos que te impiden conseguir tus objetivos. Nos pasamos la vida persiguiendo la felicidad y huyendo del sufrimiento. Y está muy bien, pero no te conformes con una felicidad a corto plazo, esa que consigues rápido pero que desaparece igual de rápido y te deja mal sabor de boca, con sensaciones de vacío e inutilidad. Persigue objetivos que, a corto plazo, supongan vencer la pereza y el deseo de querer hacer lo contrario, pero que, a largo plazo, te dan la serenidad, estabilidad y fortaleza de una autoestima sana y un autoconcepto fuerte. Ahí reside la verdadera felicidad que estás buscando.

Seguramente a ti también te pasa que a veces levantarte del sofá o resistirte a poner otro capítulo de tu serie favorita, aunque hace dos que dices «Este es el último», parece una misión imposible. La pereza y el deseo hacen que te cueste todo más.

A mí, estos obstáculos me cuesta más vencerlos cuando mi OBJETIVO es DÉBIL. Por ejemplo, hacer las cosas por salud no me motivaba mucho, porque yo me encontraba bien. Y si un día tenía pereza de ir a nadar, luego tenía remordimientos y me sentía irresponsable: «Parece mentira, Sara, otra vez, sabes que es bueno para ti, que luego te sientes mejor y te comportas como una niña pequeña». En cambio, cuando mi neuróloga me dijo que por mi discapacidad terminaría en una silla de ruedas, mi motivación por fortalecer mi musculatura se disparó al máximo; desde entonces no he faltado ninguna semana al gimnasio.

He descubierto que he colocado el gimnasio en el mismo nivel que el trabajo, es decir, nunca me planteo si voy a trabajar o me quedo en la cama, y con esta actitud, me es mucho más fácil ser constante. Y no estar algún día al cien por cien no significa que no pueda hacer nada, igual que en el trabajo.

¿Qué te parece si vas pensando en dos objetivos que te gustaría conseguir? Así podrás poner en marcha las técnicas que te propongo a continuación.

Qué (me) funciona

No ser demasiado estricta. Por ejemplo, después de comer necesito media hora de sofá; en cambio, después de cenar, puedo trabajar un rato en el ordenador perfectamente.

El fin de semana, cuando estoy en el sofá y me da pereza levantarme, me doy un margen de quince minutos para hacer el vago, mientras hago una o dos partidas de mi juego favorito del móvil. Incluso, a veces, hago la última partida delante del ordenador, antes de empezar a estudiar o crear contenido. Y sin pensarlo mucho, porque ese es el problema, me pongo con la tarea.

El secreto no está en dar un gran cambio de golpe, porque a tu cerebro le va a costar más de procesar; si das pequeños pasos que te llevan a tu objetivo, tardarás más, pero serán más seguros y estables. Imagina que por la mañana te levantas tan justa que apenas te da tiempo a desayunar y, además, llegas ya estresada al trabajo. Sabes que si consiguieras levantarte una hora antes te iría genial, pero lo has intentado muchas veces y casi nunca lo consigues. ¿Qué te parece si esta noche te acuestas diez minutos antes y mañana te levantas diez minutos antes? A nuestro cerebro le cuesta mucho recuperar una hora, el famoso jet lag, pero apenas le cuesta recuperar diez minutos. Si cada dos o tres días vas adelantando esos diez minutos, en dos o tres semanas tienes tres objetivos conseguidos: primero, dejar de machacarte por levantarte tarde; segundo, poder desayunar y llegar pronto al trabajo, y tercero y más importante: ¡bajar el estrés!

Sé flexible sin perder el objetivo de vista.

Tu ego

Creo que, a estas alturas del libro, ya tenemos confianza como para que te dé este consejo: vigila el ego, porque es caprichoso y solo quiere recompensas rápidas. El chantaje emocional del ego es tóxico, porque te hace creer que solo quiere lo mejor para ti con frases como: «Tengo derecho a estar toda la tarde en el sofá», «No descanso en todo el día», «Ceno una bolsa de patatas y una cerveza porque me lo merezco», «Siempre tengo que ser la criada de todos», «Ir al gimnasio es una obligación más, no es justo», «Desayunar un cruasán cada mañana es mimarme y quererme...». Cuando se disparen estas frases en tu cabeza que te impiden ir hacia tus objetivos, pregúntate: «¿De qué huyo?», «¿A qué me aferro?», «¿A qué tengo miedo?», «¿Y si consigo el objetivo y me decepcionan los resultados?», «¿Y si voy todas las semanas al gimnasio y no consigo que mi cuerpo cambie?». Si no me esfuerzo, no me decepcionaré y podré seguir quejándome de mi cuerpo.

Cuando el ego te dice que no estudies, que te mereces descansar en el sofá, que no sirve de nada formarse, que solo contratan a los amigos del jefe, que te gastarás el dinero y seguirás donde estás... ten presente que a nuestra mente le resulta más fácil creer este mensaje porque no supone ni tiempo ni dinero ni esfuerzo, pero si hacemos caso a esa voz del ego, tu vida seguirá estancada.

Sin embargo, si escuchas a tu conciencia, te dirá que te formes para ir creciendo, que no es fácil, que estás cansada, que tendrás que pedir ayuda, que vendrán muchas dudas de si vale la pena o no, pero te harás más fuerte, te llevará a salir de esa zona de «confort no confort», podrás acceder a una mejor calidad de vida, aumentará tu autoconcepto, tu autoestima y obtendrás beneficios a medio y largo plazo. Sea cual sea el resultado, el camino de apostar por ti siempre vale la pena.

Ejercicio formal

Sé constante con el ejercicio de respiración y observa las sensaciones de tu cuerpo. Es la cuarta semana, quizá te veas capaz de llegar a los diez minutos. Sé que puedes, sabes que puedes, confía en ti.

Ejercicio informal

Hablemos del deseo. Solo hay dos maneras de terminar con el deseo: cumplir con lo que deseas o ¡dejarlo pasar! Tómatelo como un experimento, solo tienes que esperar que llegue el deseo para poder practicar. Por ejemplo, cuando desees entrar a mirar las redes sociales o jugar una partida en un juego del móvil, cambiar de canal en la televisión o mirar si te ha llegado un wasap, es el momento ideal para practicar.

El ejercicio consistiría en esto:

1. Notas cómo se dispara el deseo de hacer algo, te apetece muchísimo, ¡quieres hacerlo ya! Quédate sentada y observa. Del 0 al 10, ¿qué nota le pones a la intensidad del deseo? ¿Qué hora es?
2. Meseta. Es el momento en el que el deseo ha llegado a su punto máximo y se mantiene antes de empezar a bajar.
3. Descenso. Llega un momento en el que notarás que empieza a bajar hasta desaparecer. Mira el reloj, ¿qué hora es? ¿Cuánto tiempo ha pasado desde que se disparó el deseo hasta que desapareció? Cuanto más lo practiques más fácil te será no obedecer siempre a tus impulsos. No todo lo que deseas es bueno para ti, por eso conviene tomarse unos minutos para decidir.
4. Ya puedes ir a buscar eso que te apetecía tanto, si aún te apetece. El ejercicio no es no hacer lo que deseas, sino NO hacerlo cuando se dispara el deseo, y

hacerlo —si así sigues deseándolo— cuando ya haya pasado; de esta manera serás más consciente de que estas sensaciones tan intensas también desaparecen y de que y, por desgracia, son innumerables las veces en las que la inercia o los instintos no conscientes deciden por ti.

Es el turno de la pereza. Y tengo una buena noticia para ti: ¡la vences más veces de lo que piensas! ¿O acaso has llamado alguna vez al trabajo para decir que no ibas porque te daba pereza? La pereza tiene un enemigo al que le cuesta muchísimo hacer frente, y es el hábito, la disciplina, por eso es tan importante fortalecer ambas cosas. La disciplina en aquello que es bueno para ti aumentará el amor hacia ti misma. No pienses mucho, acepta el malestar, deja de quejarte y ponte en marcha. Recuerda con cariño hacia ti misma que esto también pasará.

QUINTA SEMANA: APAGA LAS ALARMAS

¡Ya has pasado el ecuador, felicidades!

El mindfulness es un suma y sigue, no vas cambiando de ejercicios, sino que vas añadiendo nuevos cada semana para cambiar tu mundo interno, tu manera de hacer las cosas, para ir moldeando tu cerebro. No te confíes y no pierdas el ritmo, seguir avanzando y conociéndote es lo importante.

¿ESTOY EN PELIGRO?

Estás a punto de pagar, te das cuenta de que no llevas la cartera; para más inri, hay una cola larga detrás de ti. Notas que el corazón se acelera y te tiemblan un poco las manos mientras buscas dentro del bolso. ¡Se ha disparado el estrés! Pero cuando recuerdas que activaste la tarjeta de crédito en el móvil y puedes pagar, parece que el aire vuelve a entrar en tus pulmones.

El estrés se dispara cuando percibes que no tienes herramientas para afrontar la situación.

Hasta aquí todo es perfecto, tu cerebro funciona bien. Pero el problema empieza cuando llegas a casa, colocas la compra, te sientas en el sofá y tu cerebro comienza a conjeturar: «¿Y si no llego a llevar el móvil encima?», «¿Quién había en la cola?», «¿Me ha reconocido alguien?», «¿Cómo puedo ser tan desastre?», «¿Cómo van a confiar en mí?», «¿Y si me vuelve a pasar?», «¿Qué pensarán de mí?»... y las alarmas se vuelven a activar.

Tu cerebro de mono está saltando del pasado al futuro sin pasar por el presente:

1. Pasado: como me dejé la cartera el otro día...
2. Futuro: me volverá a pasar, nadie confiará en mí...

Este diálogo puede mantener activo el estrés en tu cuerpo durante todo el día, yendo de un tema a otro, del pasado al futuro y del futuro al pasado sin pasar por el presente, que es el único lugar donde puedes activar la calma.

Recuerdo pensar: «Por favor, necesito que mi mente se calle», pero considerar a la vez que estaba solucionando problemas, que parar de pensar era ser irresponsable.

AQUÍ VA LA SOLUCIÓN

¿Recuerdas que he dicho «llegas a casa, colocas la compra y te sientas en el sofá»? Ese es el presente. Tu pensamiento no coincide con la realidad, la realidad es que estás sentada en el sofá de tu casa y no hay ningún peligro. Suelta el pasado y el futuro, nota el asiento que te sostiene, mira a tu alrededor, estás en un espacio seguro, nadie te está amenazando, aterriza en el presente, deja de saltar con tu mente de mono de un pensamiento a otro y nota cómo tu organismo desacelera.

Cómo desconectar la alarma

Piensa en una alarma antiincendios que se ha disparado. Miras por todas partes y no ves fuego, la alarma se ha activado por error, por tanto, solo tienes que pararla.

Tu cerebro cree que estás en peligro, racionalmente sabes que no es verdad, pero lo tienes que demostrar con conductas. ¿Qué no harías nunca si estuvieras en un callejón oscuro y alguien te estuviera siguiendo?, ¿te pararías a respirar hondo? o ¿a beber un poco de agua? Exactamente, tienes que hacer TODO lo que nunca harías en una situación de peligro, para demostrarle a tu cerebro emocional que puede desactivar la alarma.

1. Respira hondo varias veces.
2. Pon los hombros hacia abajo para quitarte esa armadura que te oprime.
3. Bebe agua o ponte un caramelo en la boca para relajar la mandíbula.
4. Repite mentalmente: «Esto también pasará».

Ejercicio formal

Esta práctica es sencilla, solo hay que crear un hábito y aumentar el tiempo de estar contigo misma. Aunque el día tiene mil cuatrocientos cuarenta minutos, estar diez en silencio se te puede hacer eterno y complicado. No obstante, sigue practicando, vale la pena. Piensa que lo que estás haciendo es abrir un espacio entre el estímulo y la respuesta para desactivar el modo automático y poder elegir esa respuesta, ahí reside tu libertad.

1. Primero, cuenta tus respiraciones.
2. Luego, recorre tu cuerpo mentalmente, sintiéndolo, sin juzgarlo, porque no has entrado en casa de la vecina para criticarla, estás entrando en casa de tu mejor amiga. Recorre tu cuerpo empezando por los pies y terminando en la coronilla.

Ejercicio informal

Estate atenta. Cuando notes que se han activado las alarmas, observa si estás en un peligro real o si solo son pensamientos desagradables, es decir, te acabas de colar en la sala del cine del terror y tienes que salir de ahí.

1. Observa el espacio en el que estás, para que entre información actualizada.
2. Respira hondo o bosteza.
3. Estira los brazos, suelta la musculatura, no tienes que luchar.
4. Recuerda: esto también pasará.

SEXTA SEMANA: COMPASIÓN

La primera vez que fui a terapia tenía dieciocho años, era introvertida, con un carácter fuerte, pero solo de fachada, como una estrategia de defensa, y con fobia social. La terapeuta me preguntó qué necesitaba, yo le pedí que me dijera cómo gustar a los demás. Ella me dijo, que lo importante es quererte a ti misma. «¡Qué gilipollez!», pensé, a mí ya me tengo. Todavía no era consciente de lo baja que tenía la autoestima y el autoconcepto. Supongo que no me expliqué bien, lo que yo necesitaba eran habilidades sociales. El problema de comunicación hizo que la terapia fuera en otra dirección, es como si vas a comprar cubiertos y sales de la tienda con una vajilla; no es lo que necesitaba, pero también me fue útil. No empezó aquí mi crecimiento personal. Tuvieron que pasar veinte años más para que yo fuera consciente de que no estaba bien, y ver que el maltrato hacia mí misma, la exigencia de ser perfecta, de no ser suficiente no era amor. Y, una vez identificado, iniciar el cambio.

AUTOCOMPASIÓN

No sé si te pasa, pero uno de los cambios que más me costó fue ser amable conmigo misma, sobre todo en las situaciones de estrés. No es que tuviera una vida difícil: lo normal, me casé, cambié de ciudad, de casa, de trabajo..., nació una hija, luego la otra e iba sumando responsabilidades, estrés... y el trato hacia mí misma cada vez era más duro, más exigente. Surgían remordimientos porque no encontraba tiempo para ir al gimnasio o no había ido al parque porque estaba cansada o me planteaba que debería ser más organizada, más limpia, más simpática, tener mejor aspecto, saber inglés, ser más rápida contestando, tener buenos temas de conversación, no parecer aburrida... todo eran ataques hacia mí misma. Tenía dudas, me sentía culpable, siempre lo podía hacer mejor, nunca era suficiente. Tenía que ser mejor mamá, mejor amiga, mejor trabajadora, mejor hija, mejor hermana, mejor amante, no enfadarme, estar contenta. Cuando no podía con todo, cuando estaba sufriendo, en vez de pedir ayuda volvía a atacarme a mí misma.

¿Cómo iba a pedir ayuda si el castigo más grande que podía recibir es que alguien se llegara a enterar de que no era perfecta?

¿Te resuena algunos de estos juicios que hacía sobre mí, te sientes identificada con alguna de esas actitudes? Si es así, no te preocupes, que voy a compartir contigo varias herramientas para mitigarlas.

Efectos de la autocompasión

Tiene los mismos beneficios que cuando eres cuidada. Aumenta tu capacidad de autotranquilizarte, te hace sentir segura, en calma, con frases como «Todo está bien», «Ya ha pasado» o «Esto también pasará».

La autocompasión suaviza la vergüenza, la autocrítica y abre tu mente a lo que estás sintiendo, no para juzgarte, sino para darte cuenta de cuáles son los pensamientos, estados mentales, conductas... que te llevan a emociones negativas, y cuáles te llevan a la calma. Asimismo, te permitirá elegir qué es lo que quieres en tu vida.

¿Esto que estás diciéndote te hace feliz, te da calma, equilibrio y serenidad? Adelante, sigue haciéndolo.

¿Estas conductas o pensamientos te generan ansiedad, infelicidad e intranquilidad? Deja de hacerlo o de decírtelo.

Si te juzgas, te pones tensa y te cierras, aumenta el sufrimiento y el dolor. Es como si te repitieras una y otra vez lo mal que haces las cosas.

COMPASIÓN

Cuando le di la vuelta y empecé a ser consciente de la manera de tratarme, me dio tanta rabia, pero tanta, que empecé a atacar a las personas que tenía cerca, sobre todo a mi pareja. Me sentía utilizada, yo lo había dejado todo por limpiar la casa, hacer la comida, lavar la ropa, cuidar de mis hijas y él podía quedarse a trabajar hasta tarde sin problema, y rabia también contra mí misma por no darme cuenta de que mi educación patriarcal me hizo creer que esa era mi obligación. Poco a poco, ya con cuarenta años y mis hijas en la adolescencia, mi pareja y yo entendimos que éramos víctimas de una cultura que no era justa y que podíamos hacer las cosas de diferente forma.

Me costó un tiempo digerir la rabia y, de vez en cuando, no podía evitar atacar a mi pareja, pero ¿qué sentido tenía culpar a los demás si yo tampoco me había dado cuenta? ¿Cómo es posible que normalicemos conductas tan injustas?

CINCO PASOS PARA REBAJAR EL SUFRIMIENTO

Lo primero que tienes que hacer es bajar el sufrimiento, si no, te será muy difícil llegar a la compasión y la autocompasión. Así que, vamos a ello; descuida, te guío.

Primer paso: deja de juzgarte

«¿Quién te va a querer?», «Nada te queda bien», «Te vas a quedar sola», «Perderás tu trabajo», «Se darán cuenta de que no vales para nada», «No se puede ser más inútil», «No pidas un aumento, ya que no te lo van a dar», «No hagas más el ridículo», «Intenta ser invisible», «Haz tu trabajo, no te quejes y a lo mejor algún día alguien lo valora», »¿En serio te vas a poner a llorar?», «Cómo?, ¿ahora vas de víctima?».

Estos pensamientos estuvieron en mi cabeza durante mucho tiempo, hasta que empecé mi crecimiento personal, lo mismo que tú estás haciendo ahora. Estás en un espacio seguro, aquí nadie va a juzgarte, has venido a libertarte, a crecer y a convertir tu vida en una VIDA en mayúsculas.

Con este ejemplo quiero que reflexiones unos segundos e identifiques si tú también tienes algún pensamiento de este tipo. Y que seamos conscientes de que cuando le mandamos al cerebro de forma recurrente frases de este tipo, terminaremos creyendo que son verdad. Está comprobado que hablarnos a nosotros mismos con amabilidad beneficia el bienestar, y justo lo contrario: si nos tratamos con agresividad verbal, los sentimientos y pensamientos negativos erosionan nuestra estima y el concepto de la realidad.

Por todo esto, mi mensaje aquí sería este: cambia tu habla interna, ¡es urgente!

Segundo paso: no generes más sufrimiento

Cuando te pasa algo malo, es inevitable sufrir, pero lo importante es que seamos conscientes de que no es necesario generar más sufrimiento. Por ejemplo, cuando me hice un esguince, además del dolor, tenía que ir con las muletas a todas partes, ducharme con una bolsa de basura hasta la rodilla para que no se mojara el vendaje, hacer la comida con la pierna apoyada en una silla... todo muy engorroso. ¿Era necesario decirme: «¡Qué torpe eres!», «No sabes ni bajar de la acera», «Por tu culpa estás así», «Ya te costaba llegar a todo, ahora será un desastre y, ya verás, ¡esto igual son tres semanas!»?

Imagina que pierdes el móvil o que te despiden del trabajo, que no encuentras las llaves del coche o que llegas tarde al trabajo... El sufrimiento forma parte de la condición humana, pero todo el sufrimiento que añades con un lenguaje tóxico no ayuda y empeora tu capacidad de recuperarte antes para seguir con tus objetivos. Aunque solo sea porque eres una persona inteligente, corta el lenguaje tóxico.

Juzgarte cuando estás sufriendo es como hurgar una herida, solo generas más dolor.

Tercer paso: reemplaza «ser» por «estar»

Cuando dices «soy», tu cerebro identifica el mensaje como algo imposible de cambiar: «Soy blanca», «Soy baja», «Soy mujer». En cambio, si dices: «Estoy perezosa» significa que ese estado puede cambiar, que es algo transitorio. El «yo» genera mucha tensión y malestar, sobre todo si tú no quieres ser así. Piensa en una frase, conjúgala con ambos verbos y siente la diferencia.

Te invito a que, a partir de ahora, en lugar de decir «Soy un desastre», «Soy mala», «Soy aburrida», seas más concreta y digas lo que ha pasado realmente: «Se me ha olvidado enviar un correo» o «Hace una semana que no llamo a mi madre», o «Algunas veces no se me ocurre ningún tema del que hablar».

Cuarto paso: no generalices

Generalizar hace que veas el problema más grande, que lo sobredimensiones por encima de lo real, y eso no ayuda a solucionarlo.

«Todo me va mal», «Siempre estaré enferma», «Nadie me escucha», «Nunca levantaré cabeza»...

En lugar de decir «Todo lo hago mal», di exactamente qué ha pasado: «He llegado tarde», «Se me han quemado los macarrones», «Se me olvidó domiciliar el recibo».... Es más fácil afrontar una de estas situaciones que un pensamiento generalizado.

En lugar de decir «La gente es mala» puedes concretar exactamente quién te ha hecho daño, porque ese pensamiento es muy tóxico y espero que no sea verdad, y que puedas pensar en alguna persona, conocida o desconocida, que no te haya hecho daño.

Quinto paso: incertidumbre

Me refiero a esos momentos de la vida en los que estás bien, tienes salud, tu familia está bien, tienes amigos, trabajo... pero tienes tanto miedo a volver a sufrir que empiezas a imaginar situaciones horribles, como si quisieras huir de ellas y encontrar soluciones. Es una acción imposible porque en este momento no es real. Quizá hace unos años lo pasaste muy mal, y como no sabes dentro de unos años cómo estarás, empiezas a generar sufrimiento en un momento de tu vida en el que hay paz y tranquilidad.

Me acuerdo de que un día vino a mi consulta una mujer muy preocupada por la salud de su hija de quince años; hacía poco que se había muerto una niña de cáncer y estaba muy angustiada. Le pregunté si su hija estaba enferma, me dijo que no, también le pregunté si tenía antecedentes en la familia de cáncer, si la última revisión del médico había ido mal, si su hija se encontraba cansada, si notaba algo que le pudiera llamar la atención. A todo me decía que no.

Es normal que no quieras sufrir, pero hay situaciones que conllevan sufrimiento, como la muerte de un amigo, la pérdida de un trabajo, una enfermedad... No sufrir en esas situaciones sería muy extraño. Ahora bien, es importante que cortes este pensamiento cuando la situación no es real o no tiene esas dimensiones de base. No digo que no te vayan a pasar todas esas cosas terribles, pero no has de adelantarte, porque si sufres antes, cuando todo está bien, lo único que conseguirás es agotar tu energía, porque tu cerebro está intentando solucionar algo que no es real, está luchando contra un fantasma.

SOLUCIÓN

Lo primero que tienes que hacer es calmar tu cerebro, porque una vez esté calmado te será más fácil afrontar una situación difícil. Y la mejor manera de hacerlo es activando la compasión y la autocompasión. Recuerda que esta semana estás trabajando ese valor. Este es el sentimiento que se dispara de manera automática ante el sufrimiento, pero también puedes activarlo tú de forma consciente para calmar tu mente. Lo has hecho miles de veces con otras personas, solo tienes que empezar a hacerlo contigo. El amor hacia ti y hacia las demás personas es lo que te recompone cuando te rompes. Utiliza el amor hacia ti como un pegamento natural. Quizá te parezca extraño, pero tienes en tu cabeza todas las herramientas que necesitas para sobrevivir, solo necesitas generar amor hacia ti para que llegue la calma y veas la solución.

Basta con recordar qué le dices a una buena amiga cuando está pasando por un momento difícil: «Tranquila, has salido de situaciones peores, tienes gente a tu lado que te quiere». ¡Por supuesto que no sabes si tu amiga saldrá o no de esa situación!, no hay nada más peligroso que un optimista inconsciente, tú sabes que no siempre conseguimos lo que necesitamos, pero también sabes que, si la juzgas, si la pisoteas y le dices que no crees que pueda conseguirlo, no encontrará la fuerza para seguir luchando, y de eso se trata, lejos de ser un gesto de autoengaño, es una forma rápida y útil de darte una inyección de energía para estabilizarte lo antes posible. Tienes suficientes herramientas para superar los baches, derribar muros, salir de un agujero oscuro... tienes el potencial, pero si mientras intentas salir te tratas mal, te va a faltar energía.

Piensa qué le dirías a una persona que está pasando por un momento difícil y comienza a decirte esa frase a ti misma cada vez que te sientas mal.

RÍNDETE

Quizá te sonará mal eso de rendirse, pero recuerdo haber estado años en batallas perdidas, luchando en mi interior, recordando una y otra vez lo que había pasado, día tras día, año tras año... Teniendo remordimientos sobre lo que debería haber hecho o dicho, imaginando la escena en bucle en mi cabeza, gritando a esa persona, exigiendo justicia, sabiendo que ya no hay nada que hacer, hasta acabar agotada, unas veces llorando de impotencia y otras como un volcán en erupción que arrasa con todo.

Lo más práctico, cuando la partida se ha terminado y has perdido, es dejar de luchar, tirar la toalla, no pierdas más tiempo ahí. Sé amable contigo misma, ten palabras de consuelo y suelta la rabia, aunque solo sea por puro egoísmo, porque solo te hace daño a ti, y dirige toda tu energía hacia el próximo objetivo.

Las herramientas ya están en tu cabeza, ¡utilízalas!

Mindfulness es aceptar la experiencia, la autocompasión, es aceptar a la persona que está viviendo esa experiencia.

Vas a empezar a practicar y experimentar los efectos de la autocompasión en tu cuerpo, en tu mente y en tu emoción. Déjate llevar, simplemente repite las frases mientras buceas en tu interior hasta encontrar un lugar cálido, confortable, donde acurrucarte y dejar que las heridas sanen.

Vamos ahora con los ejercicios. El objetivo es sentir amabilidad, compasión y cariño hacia ti misma y hacia los demás, conocidos y desconocidos, relaciones fáciles y difíciles.

Ejercicio formal

Cuando empieces el ejercicio cierra los ojos, dirige la mirada hacia dentro y trata de volver a sentirte en casa. Te ayudará poner una mano en el pecho o la barriga y otra en el corazón. Es una sensación con la que naciste, pero, poco a poco, te fuiste enredando en los pensamientos y desconectando de tu cuerpo. Volver a casa es volver a la seguridad, a lo conocido, a conectar con una conciencia que no juzga, que abraza y es compasiva.

Mientras repites tres veces cada frase, experimenta cómo sientes lo que vas diciendo. A mí, al principio, me fue muy bien grabar las frases en el móvil; hazlo despacio, para que puedas sentir lo que estás diciendo.

Primera frase. Siente tu cuerpo

«Que yo sea feliz, que pueda experimentar calma y seguridad, que tenga salud y fortaleza, tanta como sea posible para mí».

Segunda frase. Piensa en alguien a quien quieres

«Que tú seas feliz, que puedas experimentar calma y seguridad, que tengas salud y fortaleza, tanta como sea posible para ti».

Tercera frase. Piensa en la humanidad en general

Ahora te pido que abras más la mente y pienses en un grupo de personas, conocidas y desconocidas, con las que te cruzas por la calle o en un supermercado, con las que tienes un trato fácil y también, cuando te veas capaz, incluye a aquellas con las que tienes un trato difícil.

«Que seáis felices, que podáis experimentar calma y seguridad, que tengáis salud y fortaleza, tanta como sea posible para vosotras».

Ejercicio informal

Cuando sientas sufrimiento, ten un gesto amable hacia ti misma, como poner las dos manos en el corazón, en el abdomen o en el regazo. Reconoce el sufrimiento que estás sintiendo en ese momento y abre tu mente para conectar con esa parte de la humanidad que está sufriendo también, que está sintiendo rabia o vergüenza o miedo, sé consciente de que no estás sola. Deja que se active la compasión hacia esas personas que no conoces y hacia ti, y repite un mantra que te calme como «Ojalá pueda ser amable conmigo en este momento que tanto lo necesito, que pueda tener paciencia, que pueda cuidarme, que pueda aceptarme y quererme en esta situación, que tenga valor para poder hacerlo».

SÉPTIMA SEMANA: RELACIONES HUMANAS

Las relaciones humanas son una fuente importante de estrés. Es increíble cómo un gesto, una palabra o la conducta de otra persona puede hacer que nos salte el automático y empiece una discusión. Si es una persona a la que apenas ves, no hay mayor problema, pero si trabajas o convives con ella, puede que se convierta en una carga diaria.

MONTAÑAS

Vamos a tomar perspectiva. Imagina que subes una montaña; en esa montaña hay caminos que son de tierra fina, otros con piedras, hay momentos que tienes que escalar, otros que el obstáculo es tan grande que tienes que hacer un gran rodeo, hay zonas con árboles que dan buena sombra y otras en las que el sol te golpea con fuerza. Es un largo camino donde hay un poco de todo, momentos buenos, no tan buenos y malos.

Te paras a descansar y levantas la mirada del suelo, observas a tu derecha a lo lejos y ves una persona subiendo su montaña. Parece fácil y te sorprende las vueltas que da pudiendo subir recto. Seguramente aquella persona piensa lo mismo de tu montaña.

Es difícil poder ver los obstáculos a los que se enfrenta una persona, sus miedos, límites, prejuicios, etiquetas, pensamientos, experiencias, y qué emociones le genera todo eso. De modo que si al llegar a casa te pregunto si te has acordado de comprar pasta de dientes, no me responderás igual si te acaban de poner una multa de aparcamiento que si te han subido el sueldo. Todo son matices. Cuando pasas por una situación estresante como una bronca en la oficina, no conseguir un ascenso o unos días de vacaciones o que te quiten la plaza de aparcamiento en el parking cuando tú la habías visto antes o cosas simples como que te apriete el zapato o te venga un recuerdo desagradable, segregarás cortisol y adrenalina, y cualquier pregunta o conducta de los demás hacia ti, la percibirás como un ataque. «¿Pasta de dientes? ¿En serio? ¡¿Tú crees que no tengo nada más que hacer que acordarme de comprar pasta de dientes?!».

Para entender la conducta humana vamos a ver a continuación cómo etiquetamos a las personas y cómo esas etiquetas influyen en nuestras relaciones.

TOMA DISTANCIA Y OBSERVA

Si vas en modo automático, quien dirige tus conductas es tu inconsciente, y siempre escogerá la misma salida. Por ejemplo, si tú te pones siempre el mismo jersey, esa prenda de ropa está encima de toda la ropa, es muy accesible, pero, en realidad, no es la mejor opción para todas las ocasiones, porque te lo estás poniendo igual para ir al gimnasio que para ir a la boda de tu mejor amiga o para Nochebuena. Si vas en modo automático, no eres consciente de que utilizas la misma herramienta, la misma reacción en todas las situaciones sociales o cuando estás con la misma persona; por eso es tan importante que despiertes, y no solo para tratarte bien a ti misma, sino para relacionarte con las demás personas y no cometer los mismos errores una y otra vez.

El 85 por ciento de las conductas humanas son automáticas, es una manera que tiene nuestro cerebro de ahorrar energía y, en parte, es una herramienta de supervivencia. Si tuviésemos que racionalizar y tomar una decisión de cada acto diario, nos paralizaríamos y sería literalmente imposible.

Imagínate: despiertas y tienes que decidir si el primer pie que colocas en el suelo es el derecho o el izquierdo; si mientras te duchas vas a pasarte la esponja tres o cinco veces; si vas a subir todas las escaleras del metro o del edificio de una en una o de dos en dos, y un infinito etcétera. El problema es que terminas utilizando la misma herramienta para todo y te frustras cuando no funciona. La ventaja con mindfulness es que, cuando te interese, puedes desconectar esta forma de operar. En este momento, si has ido haciendo todos los ejercicios, ese guardián de la mente del que hemos hablado varias veces ya estará activado y te avisará cuando pase algo raro para que decidas cómo quieres reaccionar.

Te voy a dar un dato: a los seis meses de nacer ya empezaste a fijarte en las conductas de las personas que te rodeaban, y antes de los dos años ya podías predecir cuál sería su conducta. Así que tu cerebro ya está muy entrenado en predecir conductas, solo necesitas monitorizar esa habilidad. ¡Vamos a empezar!

ESTILO DE MÚSICA

Piensa en las personas que te rodean y defínelas con un estilo de música. Por ejemplo, ¿a quién definirías como estilo de rock? Esa persona con mucha energía, rebelde, defensora del cambio social, de la libertad, generalmente introvertida y honesta.

¿A quién como música clásica? ¿Pop? ¿Reguetón?

Una vez tengas a estas personas en su pista de baile mental, sé consciente de que cada estilo suele tener dos extremos, esto es, una persona rock va del rock duro al rock suave, y entre medio hay infinidad de tonos.

A mí me definen muy bien los cantautores, igual estoy un día con canción de protesta como Victor Jara, como estoy feliz como una perdiz como la canción de Serrat «Hoy puede ser un gran día».

Te voy a hacer una pregunta: ¿Con qué música te definirías tú?

Pensar qué estilo de música te define es una manera más sencilla y divertida de analizarte que preguntarte directamente «¿Quién soy yo?».

Y cuando estés en una situación tensa, sé consciente de cuál sería la música que acompañaría mejor ese momento y respira hondo varias veces hasta que baje la intensidad.

¿Y si es la otra persona la que tiene la intensidad muy alta? ¿Qué puedes hacer? NADA. Cualquier cosa que hagas o digas puede hacer que suba la intensidad de su emoción. Si no haces nada, la emoción tal como sube baja. Si te fijas bien en la situación te darás cuenta de que ha empezado por una tontería, como un calcetín en mitad del pasillo o un vaso fuera del armario, y luego va vomitando cosas pasadas que no ha conseguido procesar. Eso significa que esa persona lo está pasando mal de verdad, pero por otra cosa que no eres tú; no somos tan importantes y hay que averiguar qué está pasando, quizá es el momento de pedir ayuda psicológica, sobre todo si la situación se repite.

Volvamos a la música. Primero practica contigo pensando en diferentes momentos, cuando estás con amigos, sola, en una reunión, de fiesta, en la cola del súper, del cine, con desconocidos... ¿qué intensidad tiene tu estilo de música en cada momento?

Y luego, cuando hayas practicado mucho contigo, observa las personas que te rodean; así, cuando hables con ellas podrás valorar en qué intensidad está su música en ese momento y si vale la pena decirle que recoja el calcetín y que coloque en su sitio el vaso o si es preferible esperar a que su intensidad esté más baja y su reacción no sea tan fuerte.

ANIMALES

Hay personas que te será más fácil definirlas recurriendo a animales. Por ejemplo, una persona muy inquieta que no para quizá te recuerda a un mono saltando de una liana a otra. O una persona que carga con todo, hijos, trabajo, casa, la ves como una mula. O una persona líder, honesta, amable, la asocias a una yegua o un caballo. O una persona fiel la identificas con un perro o con un gato si es independiente. Alguien también puede ser lenta como una tortuga...

Aprovecha este juego para conocerte mejor. Si fueras un animal, ¿qué animal serías? Obtendrás más información de lo que imaginas. Las grandes multinacionales utilizan esta pregunta para conocer a la persona que van a contratar y ubicarla en su hábitat. Por ejemplo, si contestas que eres un animal depredador, tu naturaleza es luchar, comerte el mundo, tu espacio es la calle, negociando con clientes o proveedores. Pero si nombras a un animal herbívoro, tu lugar es la oficina, trabajas genial en equipo, sabes calmar el ambiente, eres resolutiva en los conflictos formando parte del grupo o como líder. Si intentas engañar o engañarte creyendo que eres lo que no eres, lo único que conseguirás es trabajar con un estrés muy alto, porque no estás en tu hábitat, y las personas que te han contratado no entenderán qué ha ocurrido.

A mí, por ejemplo, me gustaría ser como una yegua, pero me veo más como una mona que hace muchas cosas. Con esto te quiero decir que no te definas por lo que te gustaría ser, sino por lo que tus conductas dicen de ti.

También te puede dar mucha información preguntar a las personas que te rodean: «si yo fuera un animal?, qué animal dirías que soy?», «¿Por qué me ves como ese animal?». Esto puede ayudarte a comprobar si estás transmitiendo lo que deseas. La información siempre te dará poder, luego tú decides si quieres cambiar o ajustar alguna cosa, o no.

Cuando hayas quedado con alguien, sé consciente de con qué animal identificas a esa persona. Esto no va de poner etiquetas, sino de activar el respeto y frenar la tendencia a cambiar a los demás. Una vez te haces consciente de ello, te será más fácil no intentar cambiar su ritmo, sino respetarlo, porque si una persona no es puntual, por costumbre, o no entrega los trabajos a tiempo, no es por su ritmo, es por una falta de responsabilidad para adaptarse a su ritmo.

Por ejemplo, si es una tortuga no le exijas que se comporte como una liebre, informándole media hora antes de que quieres verlo en una cafetería que está en la otra punta de la ciudad. Si no puedes avisarle con tiempo, acepta que tendrás que esperar y siéntate a mirar esa red social que te gusta tanto, porque la solución no es llamarle cada cinco minutos: la pondrás nerviosa e irá más lenta. Cuando estéis las dos tranquilas, puedes preguntarle si la puedes ayudar o cómo podéis hacer para que esa situación se reconduzca.

¿Cómo utilizar esta información?

Una vez tengas definida una persona, y a ti misma, te será más fácil ver a las personas como volcanes que erupcionan cuando están sobrepasadas; eso no significa que no haya que buscar soluciones, pero no en ese momento. De todas formas, si practicas mindfulness a diario, verás cómo, aunque no sea el objetivo, la ansiedad baja a cero, y recuperarte de un día de estrés es muy rápido.

Te cuento una de mis experiencias: tenía unos treinta y cinco años, eran las nueve de la noche, yo había dejado de trabajar y me ocupaba de la casa y de las hijas. En el año 2000 todavía no nos habíamos enterado de que la gestión de la casa y la familia era una responsabilidad compartida. Las únicas opciones eran dos, o hacerlo todo o dejar el trabajo y, sinceramente, sin sueldo, poniendo lavadoras y barriendo, no me sentía realizada. Aquella noche, como muchas otras, mi estrés del 0 al 10 estaba en un 15. Llegó mi marido de trabajar. «¿En qué te ayudo?». «Pon la mesa en la terraza, que hace calor», le contesté. Pusiera como pusiese la mesa los dos sabíamos que lo iba a hacer mal. En ese mismo momento yo estaba subiendo una montaña con máxima dificultad, los sentimientos de culpabilidad, de no estar a la altura, de no poder con todo me superaban. ¿Por qué mi montaña era tan difícil y la montaña de los demás no? ¿Por qué al dejar de trabajar no había bajado el estrés? ¿Por qué no conseguía ser feliz poniendo lavadoras y haciendo comiditas como Blancanieves o la Cenicienta? ¿Qué fallaba en mi cuento?

Si me hubiera podido ver, me imagino entrando y saliendo de la cocina moviéndome mucho, pero adelantando poco, con cara de enfadada, seria, hablando con monosílabos y con una niña en brazos.

Yo estaba en ese momento librando una batalla interior; si mi pareja, en lugar de callar y soportar todos los cuchillos que le iba lanzando, hubiera empezado a preguntarme qué me pasaba o a quejarse o a defenderse, solo hubiera empeorado la situación. Cuando la tormenta pasó, es decir, cuando el nivel de cortisol y adrenalina bajó, pude tomar el control y darme cuenta de que me había pasado tres pueblos. Con mi pareja, y conmigo. Este razonamiento, cuando estás en un nivel muy alto de tensión, no es posible. Pero eso no quita de que sea lo suficientemente importante como para que lo observemos a tiempo pasado, con la objetividad que suele dar el tiempo, y que lo tengamos en cuenta para las situaciones presentes y las futuras.

Solución

Cuando veas a una persona mono que se mueve más de lo normal o una persona mula que te contesta mal, no hagas absolutamente nada: está librando una batalla, espera que pase. Es como si, cuando dos tropas se enfrentan en el campo de batalla, tú cruzas por el medio justo cuando empiezan a disparar. ¿Te están disparando a ti? No, no eres tan importante, simplemente estás en el lugar y el momento poco oportunos.

Piensa en el mar. ¿Recuerdas esa vez que estaba tan revuelto que con solo imaginar meterte dentro se te ponían los pelos de punta? Por lo contrario, si te sientas lejos de la orilla podrás ver toda su potencia sin que te haga daño.

Ahora, imagina una persona desconocida moviendo los brazos exageradamente, yendo de un lado a otro de una sala y gritando en un idioma desconocido; no entiendes lo que dice, pero percibes, por su conducta, que está enfadada. Es como ver el mar: sabes que está alterado por las olas, pero no sientes la necesidad de defenderte, simplemente miras toda su potencia.

¿Por qué cuando ves el mar alterado no te pones nerviosa aunque percibas su ira y cuando tu madre, tu pareja o tu hija están nerviosas te contagian su malestar? Porque lo que nos causa malestar no es lo que dicen los demás, no son las olas, sino lo que pensamos de esas olas, las conclusiones que generamos nosotras. Si una persona te dice que eres una «gariza», tu cerebro no reacciona porque no tiene ningún dato relacionado con esa palabra —me la acabo de inventar—, pero si te dice que eres una «mala persona», conectarás con toda la información que tienes en el cerebro sobre lo que es ser una mala persona, y doce milisegundos después, atacarás para defenderte.

Todos los ejercicios que has hecho hasta ahora te van a ayudar a alargar el tiempo de respuesta. Cuando una persona llega a un diez de presión, el agujero más grande que tiene en el cuerpo es la boca, y con el malestar que está sintiendo es imposible que pueda decir algo agradable porque en situaciones que percibimos como de estrés o conflicto, tendemos a una especie de verborrea corrosiva muy poco favorable para todos los implicados.

Si tú no tienes azúcar, no puedes dar azúcar, no puedes pedirle a esa persona que te dé algo que en ese momento no tiene, que es paz interior. Pero si te mantienes a distancia o incluso te vas, esa tormenta pasará, y podrás sentarte con ella y preguntarle qué ha pasado, si tiene problemas en el trabajo, si lleva demasiadas cosas a la vez, si es muy perfeccionista, y decirle que podéis pedir ayuda profesional. Si dice que todo está bien, no pasa nada, quizá ha sido algo puntual, pero si vuelve a pasar, hay que buscar soluciones y no descartar visitar una psicóloga para que os ayude a canalizar el estrés o la rabia.

Ejercicio formal

¿Recuerdas el ejercicio de sentarte? Pues bien, sigue sentándote a la misma hora cada día, con una vela, incienso, un cojín o una silla, como te sientas más cómoda, para trabajar la mente. Cierra los ojos, dirige la mirada hacia dentro, nota las partes de tu cuerpo que están en contacto con el asiento que te sostiene, con el suelo... y cuenta respiraciones.

Ve alargando el tiempo cada semana algunos minutos con el objetivo de llegar a los veinte minutos.

Ejercicio informal

El objetivo esta semana es observar a las personas.

Hasta ahora te has observado a ti, tus pensamientos, emociones y sensaciones. Ya sabes reconocer el nudo en el estómago cuando viene una emoción o un pensamiento, la tensión en la mandíbula cuando no puedes cambiar la realidad. Ahora toca observar a los demás, cómo expresan la frustración, el miedo, la tristeza, la preocupación. Así que, ahora mirando hacia fuera, observa con mente de niña, vaciando la mochila, sin expectativas, cómo se mueven y se relacionan las personas que te rodean, y luego observa cómo impacta en ti esa manera de funcionar de los demás. ¿Se tensa tu mandíbula? ¿Se activa la tristeza o hay serenidad? ¿Qué pensamientos se han activado en ti? ¿Puedes conseguir activar la compasión o el amor incondicional?

Cuando veas una persona nerviosa haz una pausa, pon los hombros hacia abajo, que se separen bien de la cabeza, suelta la musculatura, abre las manos, respira hondo, abre la mente a lo que venga y confía. Solo es un mar muy revuelto, ¿qué número, del 0 al 10, le pones a la intensidad de esa emoción que está expresando esa persona, siendo 0 tranquilo y 10 muy revuelto?

OCTAVA SEMANA: HACIA EL CAMBIO

Esta es la semana de las preguntas y la introspección. Es momento de pensar si vale la pena el cambio, porque todos los cambios exigen actitud, disciplina y paciencia para conseguirlo. Es importante que seas consciente de cuánto lo deseas, así que coge el portátil o papel y boli, y vamos a empezar respondiendo a estas diez preguntas sencillas pero muy clarificadoras:

1. ¿Cómo estás en general?
2. ¿Cómo estás en este momento?
3. ¿Cuáles suelen ser tus pensamientos, es decir, con qué alimentas tu mente?
4. ¿Qué necesitas?
5. ¿Es así como quieres vivir el resto de tu vida o tienes que hacer algún cambio?
6. Cuando empezaste este libro, seguramente lo hiciste por alguna razón. ¿Qué quieres conseguir? ¿Cuál es tu intención? ¿Tu profunda intención?
7. ¿Qué ocurrirá en un futuro cercano si hoy inicias ese camino? Imagina que día a día vas haciendo los ejerci-

cios que te llevan a esa intención. ¿Cómo te ves en unos meses?

8. Y ¿dentro de uno o dos años? ¿Cómo va evolucionando el cambio?
9. ¿Cómo te ves dentro de cinco o seis años si inicias el cambio ahora? ¿Cómo va a cambiar tu vida?
10. Para que se produzca ese cambio es necesario dar un primer paso, es el más difícil, el que cuesta más dar, pero es imprescindible para cambiar tu manera de relacionarte con el mundo y contigo misma. ¿Cuál va a ser ese paso cercano con el que has decidido iniciar el cambio?

Espero que mindfulness te traiga el bienestar y la calma que me ha aportado a mí, y para cualquier duda que tengas al respecto, insisto, estoy a tu disposición.

Cuarta herramienta
ENEAGRAMA

Por qué quedarme aquí si podía mejorar el eje central, esas conductas inconscientes que dirigían mi vida. El eneagrama era la herramienta que me completaba.

QUÉ ES

El eneagrama es una técnica milenaria que el filósofo y psiquiatra Claudio Naranjo dio a conocer en los años setenta del siglo pasado, y desde entonces ha sido utilizada por una gran cantidad de profesionales de la salud mental y el crecimiento personal. La técnica describe nueve tipos de personalidad, cada una con unas características determinadas y diferentes del resto, de forma que cada uno de los llamados eneatipos reaccionan de una manera distinta a los estímulos externos e internos, y esto hace que pensemos y sintamos diferente.

Antes de autoasignarnos un número y de cometer el error de ser reduccionistas, es importante que veas la personalidad como algo que adquieres. No naces con ella, es decir, tú no eres una personalidad, sino que tienes una personalidad y te relacionas con el mundo a través de ella. Cuando dejas de identificarte con ella, sale tu verdadera esencia, que mira dicha personalidad como una herramienta que te ha sido útil hasta entonces, pero que ahora puedes moldear y mejorar. Esto no significa que vayas a hacer un cambio radical, tampoco hace falta, pero sí descubrirás tu parte sana y tu parte insana, y cómo puedes mejorar o empeorar.

¿ME HACÍA FALTA?

Me hubiera podido quedar como estaba. Con un cerebro emocional estable, vacío de cargas pesadas del pasado y una filosofía de vida, practicar el mindfulness, mi nueva manera de percibir el mundo, el futuro, a mí misma y a los demás. Pero, como decía Abraham Maslow, tenía las necesidades básicas cubiertas, mi pueblo, mi familia, mi casa... pertenecía a algún lugar, me sentía firme y segura, pero me faltaba algo para ser completamente feliz, me faltaba el crecimiento personal.

Y apareció el eneagrama. Hacía diez años que mi hermano me había regalado un libro, lo tenía olvidado en la estantería, y un día, buscando otros para pasar las tardes del confinamiento por covid, lo vi. Bueno, en verdad fueron dos los libros que me regaló: *La sabiduría del eneagrama* de Don Richard Riso y Russ Hudson, y *Eneagrama. Los engaños del carácter y sus antídotos*, de Carmen Durán y Antonio Catalán.

Por suerte, hace diez años no le hice caso, porque no estaba preparada para este aprendizaje. En realidad, lo abrí, le eché un vistazo, lo comparé con los libros de astrología que te dicen cómo eres según los astros, y lo volví a cerrar. Estaba claro que, aunque el maestro esté preparado —en este caso era mi hermano—, tiene que esperar paciente a que el alumno también lo esté.

CUÁL ES MI PERSONALIDAD

Te adelanto que no soy especialista en eneagrama, solo comparto contigo mi experiencia personal para animarte a que, si ya estás en este punto de querer saber más sobre ti y seguir creciendo, vale la pena que analices tu personalidad.

Si todavía no estás familiarizada con el eneagrama, seguramente este dato no te dará mucha información, pero cuando termine este apartado me conocerás mejor y podrás intuir otras muchas cosas aplicables a ti o que te resuenen.

Mi personalidad es:
ENEATIPO 5
La Observadora

para ser exacta:
Eneatipo 5 con Ala 6
La Solucionadora de problemas

Todo lo que te cuente a partir de ahora es el análisis desde el enfoque del eneagrama.

MIS PECADOS CAPITALES

Los pecados capitales son las dos maneras en las que el eneatipo tiene tendencia a distorsionar el modo de sentir, pensar y comportarse ante las situaciones, es como un sesgo que nos saca de nuestro centro. En mi caso, estos son los dos pecados principales:

1. La avaricia: representa la creencia de que no poseo suficientes recursos internos y que una relación intensa con los demás puede vaciarme completamente. Esto hace que evite relacionarme con el mundo, que me aferre a mis recursos y reduzca al mínimo mis necesidades.

2. La cobardía: se trata del miedo a posibles acontecimientos futuros, así como una falta de valor o de ánimo para afrontarlos.

Sinceramente, no me hizo ninguna gracia empezar por lo que tenía que trabajar, hubiera sido más agradable que me dijeran mis fortalezas, pero en realidad esto solo acababa de empezar.

Huella de nuestros padres

Es así como se denomina el mensaje que recibe el niño o la niña de su entorno más inmediato, sobre todo, de sus padres. Teniendo en cuenta que mi eneatipo es el 5, el mensaje subyacente es: «No está bien sentirse a gusto en el mundo».

No es una frase que te digan los adultos así de literal, es lo que la niña interpreta, entiende e interioriza por conductas y comentarios de sus referentes adultos.

Y claro, una se pone a pensar y es cuando me vienen a la cabeza frases que se pronunciaban en casa, como por ejemplo:

- «Que nadie se dé cuenta de...»
- «La cabeza bien alta cuando salgas de casa...»
- «Ponte guapa, la gente se fija mucho...»

Son indicaciones que no tenían mucho sentido para mí cuando tenía diez años, pero me pusieron en alerta. «Que nadie se dé cuenta de que has llorado» también era una de ellas. Yo obedecía sin entender. No es que llorara, en casa estaba bien, pero escondía mis emociones, no sabía muy bien por qué, pero si mi madre me lo decía debía de ser por algo. En realidad, solo estaba proyectando en mí sus miedos a que la gente la viera débil y la atacara. De más mayor me preguntaba por qué a las personas mayores les parecía tan peligroso mostrar las emociones, ¿realmente era arriesgado mostrarse débil? Sinceramente pienso que no. Pero cuando oía esas frases no podía evitar imaginar a las personas que conocíamos haciéndonos el vacío, dejándonos de hablar o mirándonos, a mi madre y mis cinco hermanos, como si oliéramos mal o estuviéramos sucios. El lenguaje era ambiguo, porque cuando preguntaba: «¿Por qué nadie se ha de dar cuenta?» o «¿Qué pasará si no hago caso de esa recomendación?», la respuesta era «No pasará nada, pero tú, con la cabeza bien alta». Lo que a mí como niña se me quedaba grabado era una sensación del tipo «¡Cuidado que viene el lobo». No me decían qué iba a hacer el lobo, pero yo ya me imaginaba los peores escenarios.

Te animo a que hagas tú también este minisondeo entre tu círculo. Cuando he comentado esto con otras personas, es curioso, pero con los hombres no coincido, ellos no tienen ese registro o esa vivencia; sin embargo, con muchas mujeres me ha pasado lo contrario, que se sienten identificadas porque han vivido experiencias muy similares. Así que, quizá por la generación de mis padres, por la propia cultura, por los prejuicios o lo que sea, creo que se trata —o al menos se trataba— de una especie de cultura femenina, una educación enfocada hacia el miedo o hacia la rabia. A unas nos daban mensajes para activar la paralización o la huida —«Que nadie se entere»— y a otras las activaban hacia la rabia —«¡Si alguien te dice algo, le contestas y, si hace falta, le pegas un empujón!»— y las crías salían ya con la armadura puesta y la catana en la espalda. Pero para defenderse ¿de qué? ¿O de quién?

En verdad nunca me atacó nadie, pero siempre viví con mucho miedo.

LA NIÑA ENEATIPO 5

Según el eneagrama, la niña tipo 5 «aprende a desconectarse del cariño, incluso a no desearlo, para defenderse de las heridas y frustraciones».

Cuando ya sepas qué personalidad eres, el eneagrama te irá dando frases como esta para que puedas indagar en tus recuerdos y poder trabajarlos.

No siempre hay culpables. Mi padre murió cuando yo tenía siete años, mi hermana mayor doce, la siguiente nueve —luego iba yo—, y por debajo de mí estaba mi hermano de dieciocho meses y otro de ocho. Mi madre no daba abasto, con su madre no podía contar, y la otra abuela era muy mayor. Cada quince días venía mi tío, su hermano, que vivía fuera y hacía lo que podía, y también alguna buena amiga, pero en el día a día, mi madre estaba sola.

Creo que esa saturación real por parte de mi madre hizo que yo aprendiese a no necesitar cariño, me autoconvencí de que no lo necesitaba y de que, si no sentía, no sufría. En verdad era algo relativamente fácil para mí, mantenía la mente fría y evitaba bajar para no sentir, desconectaba del cuerpo. Pero ¡no te lo aconsejo! A corto plazo dejas de sufrir, pero a largo plazo crecen los miedos, las inseguridades, tus habilidades sociales merman y no se forma bien la autoestima ni el autoconcepto.

El eneagrama sigue describiendo mi eneatipo 5 como alguien que de adulta renuncia a involucrarse emocionalmente con otras personas, porque en la mente te sientes más segura, y conectar con el cuerpo significa volver a sentir las emociones, la frustración o la angustia de cuando eras pequeña. Si reprimes el deseo de ser querida y te refugias en placeres secundarios como intereses y aficiones, evitas la amistad para no sufrir.

Fue duro ver cómo palabras como estas eran un espejo total de mi vida, pero, en parte, también me liberó. Y es que, efectivamente, no sufría, así me iba bien, me refugiaba en los libros, estudiaba, trabajaba, iba a clase, podía estar con otras personas siempre que no tuviera que hablar mucho, me parecía complicado pasar de la simple cortesía a la amistad. Saludaba, hablaba de trabajo o de temas concretos, pero nunca de cómo me sentía, y sobre todo, sonreía.

Cuando empecé a trabajar con el eneagrama, todavía era así, pero estaba en calma. Me había quitado mucha carga de encima, incluso había superado el miedo a hablar en público. Estaba convencida de que yo era así, que el problema era que me faltaban habilidades y que con el eneagrama lo resolvería. Continuaba mi avaricia de adquirir conocimientos, y no me imaginaba que venía la parte más difícil de mi trabajo personal.

MIEDO BÁSICO

Miedo a ser inútil, incapaz o incompetente.

Este era mi miedo básico o el miedo básico del eneatipo 5. Consiste en tener la certeza de que no tienes valor. Es como una verdad absoluta que no va a cambiar hasta que hagas algo, pero algo muy importante que te dé el mérito que no tienes. Por ejemplo, estudiar medicina y crear un medicamento que cure el cáncer. No era suficiente trabajar o estudiar y ser buena persona, porque eso ya lo hacía y seguía sin sentir que tenía valor. Así que era una carrera de hacer cosas buscando fuera algo que ya tenía dentro de mí, pero que no lo sabía. Es como aquel chiste de un hombre que buscaba las llaves de casa debajo de una farola y uno que pasaba por allí, después de veinte minutos intentado ayudarle, le pregunta: «Pero ¿está usted seguro de que las ha perdido aquí?». Y el señor le contesta que no, pero que allí había más luz. Pues eso me pasaba a mí, no buscaba en el lugar correcto, por eso no encontraba mi valor.

Si alguna vez te has sentido así, no pierdas más el tiempo. Naces con valor, todo lo que hagas —estudiar, trabajar, inventar, ser buena persona, equivocarte— no te suma ni te resta valor, la vida es valiosa en sí misma.

Además de este miedo, también tenía otros, como el miedo a hablar en público o simplemente estar delante de mucha gente, y por eso fui a terapia durante un tiempo para superarlo.

El miedo básico me lo dijo el eneagrama, lo acepté, pero también pensé que era un miedo muy general que compartía seguramente con media humanidad. Hasta que tuve la valentía de ver que, en mi caso, era más, era un eje que dirigía mi vida. Y ya me explotó la cabeza cuando descubrí mi deseo básico.

DESEO BÁSICO Y SU DISTORSIÓN

«El deseo de ser COMPETENTE degenera en ESPECIALIZACIÓN INÚTIL».

El eneagrama me lo soltó así, sin paños calientes. Empecé a hacer un recorrido de mi vida hacia atrás y me di cuenta de que mi deseo de ser competente me cegaba tanto que estudiaba lo primero que se me ocurría. Por ejemplo, hice un curso de decoración de interiores, estudié inglés, francés y alemán. Nada me llenaba del todo porque en realidad no me gustaba, solo lo hacía para satisfacer la necesidad de ser competente en algo, y lo terminaba abandonando todo.

El deseo básico surge para defendernos de nuestro miedo básico. Tu ego te dice que si lo consigues estarás bien, y te pasas la vida persiguiéndolo, te aferras tanto a conseguirlo, invirtiendo tu tiempo y energía, que todas las demás necesidades empiezan a sufrir porque no hay tiempo para satisfacerlas.

Me surgía una duda y necesitaba resolverla. Por ejemplo, trabajaba en una fábrica de muebles, y si me llamaba un cliente de Dos Hermanas, Sevilla, tenía que saber si era una población grande o pequeña, a qué distancia estaba de Sevilla, porque si me nombraban un pueblo que no conocía, me sentía muy inútil, me frustraba mucho decir que no lo conocía, sobre todo si la otra persona sabía la respuesta.

Pasaba el tiempo buscando información que quizá no la usaría en la vida y, además, al no usarla, con el tiempo la olvidaba y tenía que volver a buscarla.

Esta conducta básica me ocupaba tanto tiempo que iba cerrando mi círculo social, las amigas se cansaron de llamarme siempre ellas y solo me relacionaba con las personas de casa.

Poco a poco fui sumergiéndome en una fobia social, fui perdiendo habilidades sociales, o quizá nunca las tuve por falta de práctica, y fue creciendo el miedo a que me preguntaran algo y no saber la respuesta, y que se dieran cuenta de que era una persona inútil. Esa era la asociación que hacía. Increíble, ¿verdad? Así que mi miedo básico iba alimentando mi deseo básico.

Quizá te preguntes si es malo el deseo básico, y la respuesta es que no, no lo es; lo que es malo es desearlo y perseguirlo a toda costa. Toda la estructura de mi personalidad estaba basada en huir del miedo básico y perseguir el deseo básico, nada más importaba.

MENSAJE DEL SUPERYÓ

«Vales o estás bien si eres experta en algo».

El superyó, el yo y el ello son las estructuras de la mente según Freud. Explicado muy brevemente, el yo es tu yo presente, quien toma las decisiones; el ello es tu parte más niña, donde están todos tus deseos, y el superyó son todas las obligaciones, responsabilidades, valores que aprendiste hasta los nueve años observando las conductas de los adultos cercanos a ti —normalmente papá, mamá, abuelos, abuelas, maestras o la vecina que te cuidaba cada tarde—, tus referentes en general o lo que integraste por los castigos y premios que recibías. Todo eso está grabado en tu superyó, que termina de formarse a los nueve años y que será el eje que dirigirá tu vida haciéndote sentir culpabilidad o vergüenza si te desvías de ese camino que tienes interiorizado.

Por eso cuesta tanto sanar tu personalidad, porque duele, lloras, te sientes culpable e insegura. Pero recuerda lo que hablamos al inicio del libro, que las emociones no duran para siempre; duele un rato, pero todas las heridas terminan cicatrizando, y vale la pena hacerlo, sobre todo cuando entiendes que esa conducta no es buena para ti.

En el superyó encontrarás información que hay que comprobar si es cierta o no y decidir si se mantiene o si se desecha. Por ejemplo, cuando yo era pequeña me decían burradas como que si los chicos fregaban los platos se volvían homosexuales, que la homosexualidad era una enfermedad o que las mujeres no podíamos conducir camiones o autobuses porque no somos lo suficientemente fuertes. Estoy segura de que tú también has tenido que eliminar algún dato de este calibre.

QUÉ ES LA PERSONALIDAD

Llegados a este punto, me apetece que hagamos un paréntesis porque considero importante darte este dato.

Cuando eras pequeña no recibiste todo lo que necesitabas, no porque tus padres fueran malas personas, para nada; de hecho, muy probablemente tus padres lo hicieron lo mejor que pudieron o supieron. Hay infinitas circunstancias que pueden hacer que tus necesidades pasaran a un segundo o tercer plano (enfermedad de alguno de los dos, problemas económicos o de pareja, un hermano con necesidades especiales, etc.), así que tú las resolvías como podías o quedaban por resolver. Esto generó en ti unos desajustes a partir de los cuales se formó tu personalidad, que es como la escayola que protege un hueso fracturado. Tu personalidad se desarrolló para protegerte.

Por si te consuela, nadie sale de la infancia sin una escayola que lo proteja de las heridas. Puedes vivir con esa misma escayola toda la vida, pero lo que te protege llega un momento que te constriñe demasiado y te ahoga, sobre todo cuando tu cerebro ya está formado y dispones de suficientes herramientas para moverte por el mundo, entre los veinticinco y treinta años. Cuando esto sucede, además, te pierdes la posibilidad de conocer tu esencia, esa con la que naciste y que está debajo de todas las capas y máscaras de personalidad que has adquirido. Hay que decir que hay personas que se identifican tanto con la escayola, esto es, están tan convencidas de que son esa misma escayola, que nunca llegan a conocer su verdadero yo. Permanecen dormidas, y, de hecho, está bien, no todo el mundo está preparado para el cambio.

Si estás leyendo este libro es porque quieres darte una oportunidad, por lo menos has generado la duda de que quizá dentro de ti haya más potencial del que pensabas. Enhorabuena, estás cerca del despertar. La escayola, tu personalidad, te va a mostrar dónde está tu debilidad para así poder trabajarla.

MENSAJES TRANSMITIDOS POR UN ADULTO en este caso, hacia la niña 5, pero que nunca se dicen en voz alta

«Tus necesidades no son problema».

Estos mensajes que nunca se dicen de viva voz, sino que se aprenden o deducen de la experiencia, se convirtieron en mi problema principal y en el núcleo de mi miedo básico.

Cuando hay caos a tu alrededor, sobrevives.

El eneagrama me hizo llorar mucho al acordarme de esa niña que callaba para no molestar, esperando que alguien la viera. Tuve mucha suerte de que a mi lado solo había personas buenas, muy ocupadas, pero buenas, porque me hubiera vendido fácilmente por una caricia, un abrazo, una mirada. Soy consciente de que el miedo al rechazo me paralizaba y me impedía pedir lo que necesitaba.

El ejercicio del eneagrama fue doloroso porque removí muchas experiencias que no quería recordar, pero que fueron importantes para llegar a conocerme, así que necesité trabajar la autocomprensión y la autocompasión. Dos herramientas que, querida lectora, vas a tener que rescatar con cierta frecuencia porque son unos aliados perfectos para la evolución personal. Saber que la esencia no se puede dañar por muy dura que sea la infancia me hacía ser más perseverante en el trabajo de saber quién era yo en realidad. Es decir, cuanto más dura es la infancia, más dura y doble es la escayola, la personalidad, pero la esencia está intacta. En las próximas líneas te cuento más.

LA ESENCIA NO SE PUEDE DAÑAR

Sabía, por el eneagrama, que mi esencia me estaba esperando para poder expresarse, liberarse de la escayola y volver a la vida. Todo lo que le exigía a la escayola lo tenía ya en la esencia: la integridad, el amor, la autenticidad, la creatividad, la comprensión, la aceptación, orientación, alegría, actitud, serenidad... ¡solo tenía que seguir picando piedra hasta romper el yeso!

Escribo estas líneas y no puedo parar de llorar... Es una mezcla de tristeza y alegría. Antes de empezar con el eneagrama, estaba convencida de que estaba bien, quizá porque había hecho un gran cambio y me sentía ligera, relajada. Sí que tenía muchas ansias de estudiar: un curso tras otro, nunca era suficiente, siempre había algo que desconocía. Pero ¿desde cuándo estudiar es malo? No sabía que era una defensa del ego, pensaba que mi esencia era así, que nunca tenía suficiente.

Ahora, al recordar el antes y el después del trabajo con el eneagrama, me apena ver dónde estaba emocionalmente, esa escayola tan dura y el miedo que me daba romperla por si yo me rompía con ella y desaparecía. Y también recuerdo haber percibido una inmensa paz y bienestar cuando me liberé de ella. Así que quiero darte un mensaje: no tengas miedo a romper la escayola, tu esencia es perfecta. ¿Cómo lo sé si no te conozco? Porque siempre lo es.

INSTINTO DE CONSERVACIÓN

El instinto de conservación es un instinto de supervivencia, de gestionar los recursos, cuidar las relaciones sociales, la salud. No es que solo lo tengamos los tipo 5, sino que, como nos aislamos al máximo para no sufrir, también nuestros recursos son limitados y ahorramos mucha energía para no vaciarnos. Piensa que tu cerebro, para estabilizarse, entre otras sustancias, necesita serotonina, oxitocina y dopamina, tres neurotransmisores que se segregan a través del contacto social, por eso el eneatipo 5 va tan justito de estas sustancias y por eso también, después del covid, los centros de salud mental nos colapsamos, porque al encerrarnos en casa y ponernos las mascarillas que tapaban la sonrisa social, las personas se vaciaron de estas sustancias tan necesarias.

Ahora ya sé que, si practicas el amor incondicional, es decir, además de trabajar, te relacionas con los demás por el simple placer de ayudar sin esperar nada a cambio, cuanto más das, más te llenas.

Así que durante mucho tiempo reduje al máximo mis necesidades de energía y recursos para no necesitar demasiado a los demás ni al entorno. Lo más importante para mí era mi hogar y mi trabajo. Adoraba estar sola, y aunque cuando estaba con gente estaba bien y, si encontraba un tema interesante, hasta era buena conversadora, me agotaban las actividades sociales —y me siguen agotando—. No es que esté mal con la gente o sienta vergüenza o tenga complejos; no, es hablar, concentrarme en lo que me dicen, pensar qué decir en general, es un proceso que me consume mucha energía.

MI ÁREA EMOCIONAL

Los eneatipo 5 somos personas amigables, pero mantenemos la distancia emocional y nos cuesta mucho hablar de lo que sentimos con otras personas.

Esconder las emociones es algo que aprendí en casa, formaba parte de la cultura del momento: saber lavarte los dientes, atarte las zapatillas, lavar los platos y esconder las emociones; era sencillo, solo tenías que sonreír cuando te hablaban. Se lloraba a escondidas. Yo oía a mi madre llorar, pero su puerta estaba cerrada, lo que significaba que se llora a solas y sin que nadie te vea, como cuando haces algo vergonzoso: la rabia se digiere hacia dentro y las muestras de cariño se reprimen para que nadie se confunda. Pero esto no son normas que están escritas en un papel en la puerta de la nevera, son normas que aprendes de observar la conducta de tus referentes.

Conectar la mente con mi parte emocional me daba pánico. Pero cuando bloqueas las emociones para no sufrir también están bloqueadas para disfrutar. Cuando abres una ventana para que entre aire fresco y limpio, también entra el polvo de la calle, los bichos, y cuando cierras la ventana consigues que no entren, pero el aire no se renueva.

El eneagrama me dio los ejercicios para poder hacerlo fácil. Empiezas por ejemplo poniéndote una uva en la boca o un trocito de chocolate o una fresa o un trocito de manzana, algo que te quepa fácil.

¿Por qué no lo pruebas mientras lo lees? Ve a buscar un trozo de algo, ¡te espero!

Primero lo paseas por la boca sin morderlo y vas notando todas las sensaciones, sabor, suavidad... ¿Qué sientes en el paladar, y en la lengua? Luego lo masticas varias veces y notas la explosión de sabor, vas tragando el alimento mientras sigues su rastro hasta que desaparece. Durante el proceso pregúntate si la sensación es agradable, desagradable o neutra, y dónde la sientes. Se trata de conectar con tu cuerpo varias veces al día. Cuando te da el sol en la cara, ¿cómo te sientes? Nota la sensación en tus pies al andar por un camino de piedras, de arena o de asfalto.

Con estos ejercicios tu mente entra en tu cuerpo, suelta el mundo de las ideas y experimenta las sensaciones en relación con algo bueno y familiar como es la comida, de tal manera que tu mente se deja llevar y disfruta de las sensaciones sin necesidad de estar en guardia.

Si te paras a pensar, normalmente comemos mientras miramos una pantalla o hablamos con alguien. Así la mente no baja al cuerpo si no es necesario, es decir, no se percata de si la comida está demasiado caliente o fría o de si es un alimento desconocido o especialmente sabroso o malo. Resolvemos el asunto en dos minutos y subimos de nuevo al cerebro mientras el cuerpo engulle como un autómata.

Es probable que, con ejercicios como estos, te suceda como a mí: conectar con mi cuerpo me daba mucho miedo porque en situaciones controladas el riesgo a sufrir era pequeño, pero si conectaba de nuevo mi cuerpo con mi mente, ante una situación desagradable, ¿me desbordaría? ¿Perdería el control? Iba con sumo cuidado ante la certeza de que, si sufría demasiado, podía cerrar la puerta de nuevo.

Empecé a practicar, a intentar quitarle hierro a los ejercicios, y gracias a ello terminé encontrando divertido sentir, así que me atreví con los pensamientos. Sentada, sin hacer nada más, como un ejercicio de meditación, pensaba en una persona o una situación, dejaba que viniera la sensación y la observaba. Pronto descubrí que el miedo lo tenía en el estómago, era como un nudo; la culpabilidad y la vergüenza eran como una presión en el pecho, y la rabia se acumulaba en los puños porque los cerraba con un acto reflejo.

Pasar a la acción

Lo más difícil para el eneatipo 5.

Nos da terror.

El siguiente paso era llamar a una amiga y, en lugar de responder estoy bien para terminar pronto, explicarle algo y, sobre todo, cómo me había sentido.

Por ejemplo: «Hoy no tenía ganas de cocinar y he hecho arroz hervido por terminar rápido, con tal mala pata que se me ha quemado y he tenido que hacer la comida dos veces. Me ha dado una rabia...» o «Estoy contenta porque me ha salido un trabajo nuevo» o «Estoy leyendo un libro que me encanta», «Me he enfadado con mi hermana» o «No me ha gustado cómo me ha contestado la cajera del súper». Fíjate en los verbos que he utilizado: «Me ha dado rabia, estoy contenta...». Son conversaciones que quizá a ti te parezcan sencillas y habituales, pero que a los eneatipo 5 nos parecen innecesarias, porque ¿qué aporta a mi amiga esa información? Nada. Tuve que entender que había un mensaje subliminal que decía: «Me he acordado de ti, no tengo nada importante que contarte, pero quería escuchar tu voz, qué bien pasar un rato contigo, notar el calor humano, saber que nos tenemos la una a la otra» y me di cuenta de que era cuestión de práctica. Las primeras veces te sientes rara haciéndolo, pero las consecuencias no solo no eran malas, sino que eran buenísimas. Cuando compartes tus emociones te conectas con esa persona. El abrazo de una buena amiga mientras lloro, notar el calor humano no se puede sustituir con nada. No es que solo haya tropezado con buenas personas, es que únicamente me abro a las buenas personas, no a las que hablan mucho, sino a las que tienen gestos de buenas personas, como una mirada de complicidad, un «espera que te ayudo», a las que llamas y te contestan o te llaman el mismo día preguntando cómo estás. No hay que correr para encontrar la amistad, solo tienes que esperar y observar, ten paciencia y no te equivocarás. Eso no significa que algún día te contesten mal o hagan algo que te moleste. El ser humano es más torpe que mala persona. Quién sabe si algún día tú también te desbordarás y agradecerás que te perdonen. Valora a tus amigas por el conjunto de sus conductas y no por un acto específico.

Conectar con mis emociones y compartirlo con las demás me daba pánico; en cambio —o quizá precisamente por eso—, es lo que más satisfacciones me está dando y de lo que más orgullosa estoy.

INSTINTO SOCIAL

El especialista es el del eneatipo 5.

Aunque por norma general estamos muy a gusto en silencio, todos tenemos un tema favorito del que nos encanta hablar. El mío es hablar de barreras sociales, de la moral de una cultura, de todo lo que hemos avanzado y lo que aún nos queda, de que el feminismo libera a los hombres, les permite ser personas, de lo bonito de ser diferente, de la libertad sexual, de que el cuerpo es perfecto siempre, de que cuando aceptas la realidad avanzas y cuando no la aceptas chocas contra un muro... Y uno de los que más me gusta sacar —por lo que me toca a título personal— es que ser discapacitada no es tener diferentes capacidades, como alguna vez oigo, no he visto a ninguna discapacitada volar; se trata de que nos falta alguna capacidad, por eso tenemos diversidad funcional, por ejemplo, yo me coloco siempre a la izquierda de las personas porque mi cabeza está desviada hacia a la derecha. ¡Ufff! ¡No puedo hablar de mi tema porque me apasiona y me cuesta parar!

El eneagrama dice que el número 5 representamos el papel del chamán, el sabio que vive al margen de la tribu y que encuentra su hueco social aportando sus conocimientos. En esto también me he tenido que corregir y aprender a hablar y disfrutar de temas que les gusten a los demás, en lugar de quedarme callada, ¡y es gratificante!, mientras no sea política, toros y fútbol... o bueno, si salen, pues hablar poquito rato.

INSTINTO SEXUAL DEL ENEATIPO 5

Con esta tendencia al aislamiento que te he descrito, lo que no me explico es cómo conocí a mi pareja. Supongo que fue la suerte de estar en el lugar indicado y que una persona común a los dos nos presentara. A los eneatipo 5 nos gusta aislarnos, pero a la vez somos muy sexuales, a ver cómo se entiende esto... Cuando nos enamoramos conectamos muy bien con la pareja y somos personas muy comunicativas, pero no toda la gente se adapta a la necesidad de aislarse de un 5 con poca vida social. Aislarse no significa no hacer nada, sino hacer la mayoría de las cosas sola, en pareja o con poca gente.

Ya te comenté que, en general, acudir a eventos o fiestas me agota bastante, en cambio puedo ir de viaje a visitar una ciudad y al terminar el día ver en mi reloj que he andado más de veinte kilómetros y, como mucho, me duelen un poco los riñones. Mi discapacidad también tiene algo que ver. Cuando estoy parada, mi musculatura empieza a tensarse hasta generar mucho dolor y, cuando ando, se relaja. Me es más agradable estar con gente mientras paseamos que estar plantada tomando algo o sentada en una cena, que son situaciones estáticas.

Mi pareja, además de ser una persona tranquila, es muy amigo de sus amigos y me ha ayudado a ser más social sin ser invasivo. Las eneatipo 5 buscamos pareja para toda la vida, que no se canse de nuestras rarezas. Esto supone que ambos hemos tenido más de una discusión, no para tirar la toalla, sino para poder construir el tándem perfecto, que él no se sienta inseguro cuando yo desaparezco de una fiesta, y yo no sentirme insegura cuando él necesita ver a sus amigos. Llevamos juntos desde 1987 y yo diría que nuestra fórmula es que nos encanta viajar, un buen vino y el sexo, tres actividades que relajan la musculatura, abren la mente y activan sensaciones agradables.

Una vez tienes toda la información sobre tu eneatipo, es importante descubrir en qué punto estás para poder decidir si puedes terminar el trabajo sin ayuda o necesitas una persona profesional que te guíe.

RECONOCER LA FRANJA

Según el eneagrama te puedes encontrar en una de estas tres franjas:

- Franja sana: el ego está ligeramente desgastado. La conducta es equilibrada, madura y funcional.
- Franja normal: es donde estamos la mayoría, haciendo el trabajo con nuestro miedo básico y con nuestro deseo básico.
- Franja insana: esta franja se refiere a cuando el nivel de agotamiento es tal que entras en crisis, es decir, no estás normal, trabajando tus miedos y de golpe entras en

> esta franja, sino que tú ya ves, desde hace tiempo, que no estás bien: mucho estrés, ansiedad, algún ataque de pánico. Son alarmas a las que tienes que hacer caso porque el cuerpo está pidiendo ayuda, ya no puede más. Las crisis no dependen de un hecho en sí, sino de cómo percibes y afrontas ese hecho; por ejemplo, una separación, la muerte de un ser querido o un problema médico grave o económico. Por lo general sientes que no tienes herramientas para superarlo, por lo que todo se te hace una montaña difícil de escalar.

En mi caso la clasificación era fácil. Me había liberado de muchas cargas, por tanto, sentía que estaba en la franja normal, trabajando mi miedo y mi deseo básico. ¿Conclusión? Tenía trabajo por delante que hacer.

ADÓNDE ME DIRIJO

Era lo más importante para no perderme en ese objetivo que tenía por delante de alcanzar la siguiente franja. Puedo tropezar las veces que haga falta, pero tengo que saber adónde voy para poder volver al camino y poner la brújula en funcionamiento.

Cuál es el camino:

1. Que mi miedo básico ya no dirija mi vida.
2. Descubrir que las cualidades que ando buscando ya están dentro de mí, básicamente porque nacemos con ellas.
3. Abrir el campo de percepción conscientemente y no limitarme a perseguir mi deseo básico.

EMPIEZA EL TRABAJO

Ahora viene lo divertido, porque lo fácil sería aprender otra manera de funcionar y soltar el eneatipo 5, pero lo único que conseguiría sería convertirme en el eneatipo 8 o 7 o el que sea, y tampoco creo que sea tan fácil. Acabaría siendo un 5 con máscara 8, por ejemplo. No quiero que te quedes con esta clasificación, no es lo importante. El mensaje es que resulta que era mucho más complicado, o por lo menos así lo veía, porque NO tenía que adquirir nada, tenía que DESAPRENDER, ABANDONAR las DEFENSAS, los HÁBITOS y las ESTRATEGIAS de mi eneatipo 5 basadas en el miedo.

Esto es, no tengo que cambiarme de chaqueta, porque eso sería adoptar una personalidad nueva, tengo que quitarme la chaqueta para descubrir lo que hay. ¡Como si fuera tan fácil!

Primer ejercicio: ¡deja de aprender!

Mi miedo básico es ser incompetente, no saber, y mi deseo básico es ser competente, pero cuanto más estudiaba, más cuenta me daba de lo poco que sabía y no podía dejar de buscar información. Así que este es el primer paso que me propone el eneagrama: NO busques más información; si no sabes algo, acéptalo, no va a pasar nada.

La ANSIEDAD se disparó de golpe. Dejar de buscar información en internet, de buscar cursos nuevos, de leer datos, curiosidades, investigaciones... suponía borrar el 90 por ciento de mi modo de vivir. Nunca lo había visto como un problema, yo pensaba que era una virtud, incluso dudé de hacerle caso, porque yo disfrutaba haciéndolo, pero también disfrutaba de fumar en mi época de fumadora, y eso no significaba que fuera bueno. Además, la explicación era coherente: «¿De qué te sirven tantos datos si luego no pasas a la acción?».

Por si lo has olvidado, el eneatipo 5 es la Observadora. Observamos y aprendemos, pero no pasamos a la acción. Puedo bajarme un tutorial de todos los pasos para bailar salsa, pero no bailar salsa en la vida. ¿Porque me da vergüenza? No, porque mi objetivo es tener muchos conocimientos para no sentirme inútil, no porque tenga un interés genuino por la salsa.

Estudié alemán simplemente porque no sabía, y porque dio la casualidad de que conocí a una profesora de alemán. Si en vez de la profesora me hubiera cruzado con una podadora de bonsáis sabría podar bonsáis.

Me había convertido en una esponja que absorbía datos. Era tal la necesidad de saber que, cuando era pequeña, incluso de adolescente, que no existía internet, si preguntaba algo, prefería que me mintieran a que me dijeran que no lo sabían. Necesitaba tener respuesta a todo. Había llegado el momento de parar, y cuando sé que DEBO hacer algo, soy muy radical, lo hago y punto, tanto si es dejar de fumar como dejar de tragar información.

Segundo ejercicio: ¡pasa a la acción!

Según el eneagrama, he aprendido muchas cosas y, a partir de ahora, no va a entrar más información, sino que tengo que empezar a darle utilidad a la información que ya hay en mi cabeza. Pero yo solo observaba, nunca pasaba a la acción, no me sentía cómoda en ese terreno. Este paso es más difícil que el anterior, pero si tienes muchas ganas de cambiar, tu actitud es de querer conseguirlo y puedes confiar en un modelo que tenga sentido para ti, te sentirás más capaz.

Empecé por el inglés. Hay un campo de golf cerca de donde vivo y fui a la cafetería a preguntarle al camarero si conocía alguna persona inglesa que quisiera aprender español. La misma semana me mandó un wasap diciéndome que había una señora que estaba interesada en el intercambio de idiomas.

Para el segundo paso me dio la idea una de mis hijas: «¿Por qué no haces vídeos en las redes sociales?». Entré en TikTok y vi a gente bailando. «¿Quieres que baile?», le pregunté. Dijo que no y, a continuación, me enseñó vídeos de psicólogas y fisioterapeutas dando consejos, y eso me gustó.

Mi primer vídeo duró doce minutos y mi hija se partía de risa: «Tiene que durar menos de un minuto». Casi me explota la cabeza. Primero intenté hablar muy rápido, pero, aun así, era imposible; al final recordé una frase de mi padre que decía «menos es más» y aprendí a sintetizar la información. Las redes sociales me ayudaron a vaciar mi cabeza, pasar a la acción y dar utilidad a tantos datos acumulados durante años.

Tercer ejercicio: relaciones de amistad

El eneagrama me explicó que adquirir conocimientos y mantener relaciones sociales no era incompatible y hacerlo me ayudaría a mantener mi eneatipo 5 en una franja sana. Así que, adelante, yo estaba dispuesta a casi todo.

Me hice una lista de las personas a las que podía llamar y qué decir, porque me costaba mucho entender a la gente que me llamaba solo para preguntarme cómo estaba y ahora iba a hacerlo yo, pues era la mejor manera de ponerme en su lugar, de entenderlas.

Llamé primero a una amiga, luego a un hermano… y fue agradable. Y a medida que iba cambiando conductas, tal como me pedía el eneagrama, se cumplía lo que decía: «Lo que buscas ya lo tienes dentro de ti, es tu esencia».

No estaba todo hecho, porque a pesar de haber sido una experiencia agradable, al día siguiente, empecé a poner excusas. Por eso te digo que te saldrás del camino, pero lo importante es volver a entrar hasta que lo hagas de manera natural, y tus miedos y tus defensas se vayan cayendo. Es un acto tremendamente liberador, confía.

Cuarto ejercicio: expresar lo que siento

Me costó acostumbrarme a verbalizar si estaba contenta, triste o enfadada. «Mis necesidades no importan». Lo tenía tan interiorizado, tan real, que no le encontraba el sentido. Solía pensar: «¿Qué cambiará si lo digo en voz alta?», «¿seguiré estando triste o enfadada?».

Ahí descubrí que compartir cómo te sientes, recibir un abrazo o una sonrisa o unas palabras amables tenía el mismo efecto que si tiras una cucharada de sal en un lago enorme, que la emoción se diluye, se calma, se hace más llevadera. En cambio, si esa cucharada de sal la tiras en un vaso pequeño, la sensación es muy intensa, la emoción tarda más en digerirse. Si a ti también te cuesta expresar cómo te sientes, ¿por qué no lo pruebas? Llama a una amiga o, mejor aún, queda con ella para andar o hacer algún deporte. Pregúntale cómo está, cómo le ha ido el día; cuéntale tú también cómo te sientes. Quizá la primera vez no te parece fácil, pero ya verás cómo ella se siente bien cuando la escuches y le encantará ayudarte, y te darás cuenta, además, de que las tensiones que tenías contenidas, cuando las disuelves en un gran lago, pierden su intensidad. Son acciones que, si se hacen con el corazón en la mano, hacen crecer la amistad.

Quinto ejercicio: hacer deporte

Este consejo no me costó, porque hacer deporte es un hábito que tengo instaurado desde pequeña gracias a mi madre y a mi padre, que siempre practicaron más de un deporte. Me gustaba salir a pasear con la perra, mantenerme ocupada con una actividad, más que nada para no pensar. Y algo que te recomiendo como práctica general y que a mí me vino genial es anotar la experiencia en una libreta. ¿Cómo me había sentido durante la caminata y qué pensamientos venían? Ten en cuenta que escribir los pensamientos y las emociones no solo te ayudará a procesarlos, sino que también te servirá para echarles un vistazo y ser más objetiva cuando recuerdes lo que viviste hace cinco días, hace dos semanas o hace un mes.

Sexto ejercicio: meditar

Esto en parte ya lo estaba haciendo con el mindfulness, así que en principio no me costó tanto, pero, claro, ahora lo necesitaba más, porque al no poder llenar la mente con información me sentía más intranquila, ansiosa, como si me faltara algo.

Anotaba también la experiencia, era parte de los ejercicios, porque los 5 crecemos con la idea de que «tus necesidades no son un problema». Quizá no eran un problema, pero tenía que recuperar el hábito de escucharme, de prestar atención a las sensaciones de mi cuerpo.

Es bueno que te acostumbres a escribir lo que sientes; con el tiempo, ese testimonio es mucho más fiel que la memoria. Y si lo haces en cuanto terminas de meditar, mucho mejor. Así que, en ese lugar que has elegido, además de una vela, incienso, un cojín o una silla, recuerda tener a mano una libreta y un boli. Con una frase es suficiente para recordar el momento.

CÓMO CONECTAR CON TU ESENCIA

Estos ejercicios los puedes hacer tengas el eneatipo que tengas. Si te fijas, te sonarán mucho al mindfulness. ¿Qué tal si los pruebas ahora mismo? Solo te llevará unos minutos.

Ejercicio 1: En este mismo instante, ¿en qué emoción estás? Obsérvala, nota si se mantiene o desaparece. Sé consciente de ti misma y de todo lo que te rodea en este momento.

Ejercicio 2: Mira la habitación donde estás. Intenta detectar todos los rincones, todos los detalles. Sé consciente de esas cosas que antes no te habías observado. Ahora siente tu cuerpo, la postura. Sé consciente de cómo te sentías antes de empezar el ejercicio y cómo te sientes ahora. Ahora que sientes y prestas atención, ESTÁS DESPIERTA. Si hace un momento te hubiera preguntado si estabas despierta me hubieras dicho que sí, pero ya ves que no lo estabas, te guiaba tu personalidad, ibas en modo automático.

Ejercicio 3: Aprende a observar y dejar pasar. Cuando NO estás consciente, crees que esa emoción que sientes es toda la realidad, la emoción te desborda. El ego juzga una parte de ti castigando —«¡Vaya tontería has dicho!»— o premiando —«¡Qué guapa estás»—. Esta conducta te lleva a tu parte insana, no es lo que queremos cultivar.

Cuando estás consciente, el yo observador, que no juzga, está presente, notas cuándo una emoción llega, cómo permanece y cuándo se marcha. La mente se transforma en un observador interior que no juzga, solo toma nota. Es capaz de percibir todo lo que llega y de comprender la experiencia. No tienes que cambiar o mejorar, solo descubrir lo que hay.

FINAL DEL TRABAJO

En este momento que me he liberado de mi miedo y mi deseo básico, vuelvo a estudiar de vez en cuando, pero ya no es una necesidad y mucho menos, el centro de mi vida.

Naces con una esencia perfecta, pero sales de la infancia con la escayola.

El secreto no estaba en adquirir más conocimientos, sino en dejar marchar, soltar las defensas, las actitudes que mantenían mis miedos, y descubrir que soy quien deseaba ser.

Me muero de risa porque cuarenta años peleando, adquiriendo conocimientos, trabajando mi autoestima, ¡y ya era perfecta! Qué descanso, qué paz siento ahora...

Me he dado cuenta de que hay que estudiar, investigar y trabajar para mejorar el mundo, no a ti misma, porque tú ya eres perfecta tal como naciste, solo necesitas volverte a encontrar.

El camino no ha sido fácil, da mucho miedo soltar una conducta que crees que es la que te salva la vida y que si dejas de hacerla y pruebas otras cosas sufrirás. En algunos momentos me sentía como si me fuera a tirar de un trampolín a ciegas, sin estar segura de si había agua, con esa tensión en el estómago y las piernas temblando. No quería sufrir.

Estoy muy agradecida al eneagrama que me indicó los pasos para encontrarme de nuevo, tal como nací, sin escayolas.

Ha sido un placer conocerme, porque soy todo lo que estaba buscando.

No pienses que ahora soy el alma de la fiesta, la mayoría de los eventos sociales me siguen dando pereza, me gusta mucho pasar tiempo sola, a veces simplemente en mi terraza, tomando el sol en invierno tapada con una manta y escuchando un pódcast o leyendo un libro.

Me siento feliz.

«La felicidad es ausencia de miedo».

Otras herramientas

CONSEJOS QUE TE AYUDARÁN EN EL CAMBIO

Así como las cuatro herramientas anteriores siguen un orden que tiene sentido respetarlo, estas otras herramientas, cuyo objetivo es hacerte el camino hacia tu crecimiento personal más fácil y, a la vez, más firme en el tiempo, puedes utilizarlas a demanda. Así, si antes de empezar el tapping sientes que necesitas saber más sobre la autoestima o cómo silenciar tu habla tóxica, no te frenes, adelante, léelo. Y así con otras necesidades concretas como la tensión demasiado alta, querer descubrir tu personalidad, conciliar un sueño reparador o conocer los valores del budismo. Como te he comentado al principio, el único orden que debes seguir es el de las cuatro herramientas principales.

SILENCIA TU HABLA TÓXICA

Voy a compartir contigo tres trucos sencillos para utilizarlos cuando no tienes papel y boli o estás con gente o haciendo otras cosas. Pero, primero, te contaré por qué los necesitas.

Hasta los siete-nueve años ya vimos que se forma el superyó, ahí tienes todos los valores, la ética y la moral de los adultos que tenías cerca de ti a esa edad. Me refiero a tus padres abuelos, la maestra del cole o aquella vecina o amiga de tus padres con la que estabas siempre. ¡Exactamente! Hay aprendizajes en ese cajón que tienes que tirar, aunque hasta ahora pensabas que eran ciertos, como que estar gorda es una enfermedad o que los hombres si friegan los platos se vuelven homosexuales, como me decían a mí. También cuando te decían que tú no podrías o que sí que puedes, pero «¡Ya lo hago yo, si no, no acabaremos nunca!». El mensaje es el mismo «Tú no eres capaz o suficiente».

Todas esas personas que llenaron tu cajón con etiquetas, prejuicios, barreras o que te exigían valores que ellas y ellos no tenían, como decir gritándote «¡¡¡RESPÉTAME!!!», son buenas personas que no sabían hacerlo mejor. Tú has decidido romper con esta cadena y a partir de ahora generar un cambio, por eso estás leyendo este libro.

Sonríe, ¡lo vas a conseguir!

El superyó guía tu conducta de manera inconsciente, así que vas a tener que despertar e ir a la caza de estos pensamientos, que se disparan de manera automática y dirigen tu conducta, para poder tomar las riendas de tu vida.

TRUCO 1: ANTONIA

A la caza del pensamiento.

1. Detecta el pensamiento

Recuerdo, con ocho o nueve años, a mi madre decir: «Lo que los demás piensen de ti no importa, tú con la cabeza bien alta» y ahí empezaron a dispararse los pensamientos. «¿Los demás piensan cosas de mí? y ¿qué piensan?», «¿Les gusta como soy?», «¿Se van a enfadar conmigo?», «¿Me harán daño?». Me acuerdo de que hasta los cuarenta años el «qué dirán o qué pensarán los demás de mí» me estuvo generando angustia. La intención de mi madre era buena, pero creó un problema. Por eso te digo que no es necesario que te enfades con el mensajero, simplemente rompe el mensaje y sonríe cuando te lo vuelva a dar, porque te lo va a dar mil veces, incluso aunque la persona que te lo dio ya no forme parte de tu día a día. Ese es el trabajo del superyó, grabar y recordarte el resto de tu vida lo que tus referentes te enseñaron.

«Me van a decir que debería tender en mis cuerdas». Me acuerdo de que estaba tendiendo la ropa en la terraza de la comunidad, en las cuerdas de una vecina que me las dejaba cuando ella no las necesitaba, porque daba el sol por la mañana en invierno y la ropa se secaba antes. Mientras tendía una voz me decía: «Va a venir una vecina y te va a decir que no estás en tu sitio, que no puedes tender en otras cuerdas». Entonces yo me montaba la siguiente película: «Voy a tener que explicarle que una vecina me las ha dejado, me pondré nerviosa, no lo diré bien y se enfadará», «Se lo dirá a todas las vecinas y hablarán mal de mí», «Quizá la otra vecina diga que me las dejó una vez y que soy una aprovechada», «Quizá la entendí mal o me dijo que me las dejaba para quedar bien, pero ahora dirá que no me las dejaba», «Seguro que la comunidad hará una reunión y me harán explicarlo delante de todas y todos, me pondré nerviosa, haré el ridículo, todas me señalarán y no podré tender nunca más en la terraza comunitaria».

2. Exagéralo

Ahí me di cuenta de que la conversación conmigo misma se me estaba yendo de las manos. Por suerte ya había empezado mi trabajo personal. Así que empecé a exagerar: «Me echarán de casa, tendremos que vivir en la calle, mis hijas pedirán limosna para poder comer», «Caerá un meteorito, destruirá el mundo y moriremos todos». Cuando exageras algo, comienzas a ver lo ridículo que es, y el superyó se calla, no se está produciendo el efecto que él esperaba, que es generar miedo para que cambies tu conducta.

3. A quién te recuerda

Piensa, ¿a quién te recuerda tu pensamiento? ¿Quién te hubiera dicho algo así? Si no identificas la persona, no te preocupes, no es necesario, dado que también puedes ponerle nombre a tu superyó. Yo le puse Antonia, porque Los Morancos hacían un programa de humor en el que aparecía una mujer mayor, Omaíta, que tenía una hija que se llamaba Antonia. Me partía de risa con ella, pero era la parte de mí que yo no quería ser. Cada vez que aparecía esa voz que juzgaba todo lo que hacía, pensaba: «Ya está Antonia otra vez, qué pesada es».

4. Sé cariñosa, pero mantente firme. No gastes energía, solo tienes que respirar hondo y no hacerle caso

Yo me decía a mí misma con cariño: «Qué pesada eres, Antonia. Sé que me quieres proteger, que me lo recuerdas por mi bien, pero es que no estoy en peligro. Me dices cosas que raramente pasan y me ponen nerviosa. Y si la vecina me dijera algo, le diría que la otra vecina me ha dado permiso, y si la otra vecina dice que no me lo ha dado, me disculparé, recogeré la ropa y la tenderé en mis cuerdas y ya está». Esta conversación la tuve solo una vez. La siguiente ocasión, simplemente sonreí y continué tendiendo la ropa, dejando que Antonia siguiera hablando hasta que se cansó y ya no me lo dijo más. Ahora la recuerdo con cariño porque hace muchos años que no me habla.

TRUCO 2: GOMA DE LECHUGA

Estos pensamientos se disparan de manera involuntaria, así que no los puedes eliminar directamente; es más, si intentas no pensar en ellos se harán más resistentes. Por eso el método, que yo llamo «Antonia», que consiste en exagerar la situación y sonreír, y este que te voy a explicar ahora no se basa en luchar, sino en aceptar que ese pensamiento existe y continuar manteniendo la conducta. El día que no te importe ese pensamiento, ese pensamiento se marchará. Y eso lo conseguirás con el tapping, el método socrático o con estos pequeños trucos.

La goma de lechuga es un método primitivo y básico, pero es que el cerebro emocional y el reptiliano son primitivos y básicos. Piensa que estamos hablando de una conducta involuntaria que no puedes controlar.

Necesitas una goma elástica, de esas que se enganchan los pelos y nunca utilizarías para hacerte una coleta. Yo utilizaba las que ponen en la lechuga para que no se abran las hojas. Solo tienes que ponerte la goma en la muñeca como si fuera una pulsera, tiene que ir ajustada, pero sin apretar. Cuando venga un pensamiento repetitivo y desagradable, basta con que estires la goma y sueltes. Notarás una sensación desagradable. Verás cómo esos pensamientos vienen menos hasta que desaparecen.

Más adelante ya trabajaremos pensamientos que te harán crecer, que te sumen en vez de restarte, pero ahora estás vaciando el armario.

TRUCO 3: UN 3 POR 1

Por cada pensamiento negativo que te venga a la cabeza, piensa tres pensamientos positivos. Por ejemplo, «Soy un desastre» ha de ir acompañado de tres buenos pensamientos. Propongo algunos como muestra: «El café de esta mañana me ha quedado buenísimo», «Me ha gustado hablar un rato con mi compañera», «Esta tarde, cuando llegue a casa, me tumbaré un rato en el sofá», «Tengo buenas amigas», «Me encanta el teatro, voy a ver qué obras representan cerca», «Podría ir al cine y sumergirme en la vida del protagonista y disfrutar», «Me encanta leer», «Qué bien me lo pasé este verano en la playa, me encanta escuchar el mar. Me relaja mucho andar por la montaña o siguiendo el sendero del río en mi pueblo...».

Te he dado, como he dicho más arriba, unos cuantos ejemplos, pero con pensar tres por cada pensamiento negativo, es suficiente: hará que segregues neurotransmisores del bienestar, como la dopamina y la serotonina, y, además, que los pensamientos positivos sean más accesibles que los negativos.

RESPIRA

Elimina tensión a través de la respiración

Con esta técnica conseguí parar tres ataques de pánico. Recuerdo que siempre eran de madrugada, estaba sola, me sentaba en el sofá, con la pastilla de la insatisfacción delante —un ansiolítico—, un vaso de agua y un reloj. Mi pensamiento era: «Si veo que no lo puedo soportar, que el sufrimiento es demasiado grande para mí y me es imposible esperar a que baje la intensidad, me tomo la pastilla». Respiraba hondo y todo lo lentamente que el cortisol y la adrenalina que corrían en ese momento por mis venas me permitían. Empezaba a contar hacia atrás: 1.000, 999, 998, 997, 996... y cuando la cabeza me decía «Te estás ahogando, no puedes respirar», me repetía a mí misma: «SÍ PUEDES RESPIRAR, Sara, ESTÁS RESPIRANDO» y continuaba contando hacia atrás: 995, 994, 993. Nunca llegué a contar hasta 0, se desactivaba antes. Cada vez que me pasaba, y contaba hacia atrás, miraba el tiempo y veía que mi cuerpo tardaba menos en calmarse, y eso me animaba a seguir intentándolo sin tomarme la pastilla: era más consciente de que, un ataque de pánico, con pastilla o sin pastilla, tenía final. Cuando el cuerpo se calmaba, no paraba de bostezar, sonreía, porque era consciente de que se había terminado, y, entonces sí, volvía a la cama. ¿Qué disparaba mi ataque de pánico? Nada y todo a la vez. Era querer controlarlo todo, exigirme lo máximo en todo lo que hacía y no equivocarme en nada. Nunca más he tenido ataques de pánico, y no se los deseo ni a mi peor enemigo. No me ha sido fácil aceptar que no puedo ser perfecta, reconozco que he sido bastante torpe en eso porque he necesitado caer en una depresión para poder aceptarlo. Y estando en la depresión, tampoco quería aceptarlo. A los dos años de tomar antidepresivos, el psiquiatra me dijo: «Necesitarás pastillas toda tu vida para protegerte de ti misma»; gracias a esa frase cambié de psiquiatra. Le dije a mi nueva psiquiatra: «Tengo treinta y cinco años, no quiero depender toda mi vida de una pastilla» y me dijo: «En seis meses estás fuera de la depresión», y aquello fue una orden en mi cerebro. Me cambió la medicación, empecé terapia con una psicóloga y a los seis meses era una persona torpe, pero sin depresión.

EL PODER ESTÁ EN TUS PULMONES

Las alarmas que activa nuestro organismo se controlan desde la respiración. Imagina esta situación: es de noche, estás volviendo a casa por un callejón y de golpe se apaga la luz de las farolas, no hay ni un alma por la calle, o eso esperas, que no haya nadie que pueda hacerte daño. Notas cómo el corazón se acelera, tu musculatura se tensa, tu respiración se acorta y tu vista se agudiza intentando detectar cualquier amenaza porque crees y sientes que puedes estar en peligro. ¡FELICIDADES! Tus sistemas de defensa funcionan de cine. No tienes visión nocturna, por tanto, la oscuridad es una amenaza y tu cerebro dará la orden de que se dispare una inyección de cortisol, que es como si te tomaras treinta cafés de golpe. Tu respiración se acorta, tu corazón se acelera, lo que hará que todo tu cuerpo se tense, se prepare para luchar, para huir o se paralice, dependiendo de la amenaza.

Pero ¿y si estás sentada en el sofá de tu casa, viendo tranquilamente un programa y de golpe, te acuerdas de ese callejón oscuro y se disparan las alarmas? Podrías salir corriendo, pero no tiene sentido, racionalmente sabes que no estás en peligro.

¡Hay que apagar la alarma!

El cerebro reptiliano y el emocional no distinguen realidad de ficción, de ahí que las películas de miedo funcionen tan bien.

Tienes el poder de apagar la alarma dentro de ti. ¿Has probado a correr mientras respiras profundamente, llenando mucho los pulmones? ¡Pruébalo! Respira con lentitud mientras corres, hinchando y deshinchando la barriga profundamente. Es una sensación rarísima: la musculatura se vuelve blanda, cada vez irás más lenta, es como intentar toser y tragar a la vez, ¡no se puede!

Cuando quieras eliminar la tensión, solo tienes que sentarte o andar mientras respiras hinchando la barriga como si fuera un globo y deshincharla completamente.

¡NO intentes pensar en cosas bonitas en ese momento! El cerebro está demasiado asustado, cree que de verdad estás en peligro. Es como pedirle que mientras te persiguen cinco lobos hambrientos te pongas a pensar en lo bien que te lo pasaste en el último viaje. No tiene sentido. Es mejor que hagas un ejercicio mental para detener los pensamientos que están alimentando el miedo, como contar hacia atrás, de mil hasta cero. Tienes que practicar la paciencia para dar tiempo a tu cuerpo a que pueda reabsorber el cortisol y la adrenalina que disparó en tu torrente sanguínco. Puedes ayudar adoptando conductas que nunca pondrías en práctica si estuvieras en un callejón oscuro y oyeras unos pasos detrás de ti, como, por ejemplo, beber agua, sonreír o bostezar.

Lo que probablemente pienses en momentos de mucha tensión y miedo son cosas muy desagradables, y pueden pasar alguna vez, PERO EN ESTE MOMENTO NO ESTÁN PASANDO. O quizá es real esa enfermedad y tienes miedo de morir o que muera esa persona a la que quieres, pero respirando hondo, bajando la intensidad, te será más fácil encontrar una salida. Ten en cuenta que tu parte animal está interfiriendo en tu parte racional. Necesitas bajar la intensidad. Respira hondo, vale la pena, hazme caso. Cuando tu cerebro se calme, la situación seguirá siendo la misma. Ojalá tener ansiedad solucionara algo... Cuando estés en calma, serás más resolutiva; busca soluciones, y si no las hay, hay que trabajar la aceptación de la realidad dejando de luchar, no es necesario que te guste una situación para que la ansiedad baje.

Recuerda:
Respira hondo, siéntate o anda despacio, bebe agua, sonríe, cuenta hacia atrás de mil a cero, bosteza y vuelve a sonreír. ¡Lo estás haciendo muy bien! Estás aprendiendo a gestionar tu cerebro emocional y reptiliano. Te mereces lo mejor.

LA VENTANA DE JOHARI
Breve test de personalidad

¿QUIÉN ERES?

Todas nos miramos al espejo, y seguro que alguna vez te ha pasado que, de repente, te observas de un modo algo más particular y, dirigiéndote a ese espejo, te viene a la cabeza alguna frase del tipo: «¿Quién eres?». Pues algo parecido me pasaba a mí, que me reconocía en el espejo, pero definirme con palabras me costaba. Este test me encantó porque me dio mucha información con solo dos preguntas.

Como no quiero influenciarte en tus respuestas, te doy primero las preguntas y cuando las hayas contestado, si quieres puedes mirar mis respuestas.

Necesitas una hoja. Busca una libreta o un folio. Tendrás que cortar la hoja en forma cuadrada. Vamos a dibujar dos coordenadas. Arriba de todo, traza una raya horizontal de punta a punta del papel, en el extremo izquierdo pon un 0 y en el extremo derecho un 100. Ahora, en el extremo izquierdo del folio, haz una raya vertical de arriba hasta abajo. Arriba pon otro 0 y abajo, 100. Las dos líneas deben juntarse en el 0.

La primera pregunta es: **¿Cuánto te importa lo que los demás opinen o digan de ti?**

0 significa que no te importa lo que los demás opinen de ti, que no te influye al hablar, al vestir, al relacionarte con los demás..., y 100 significa que te importa mucho. No pongas 50, que sería a mitad de la raya, porque solo significa que no sabes si te importa o no, y no te dará la información que necesitas.

Imagina que has contestado 20 por ciento, es decir, que te importa poco. Si es así, tienes que ir a la línea horizontal y en ese baremo calcular dónde estaría el 20 por ciento, más o menos, y hacer una línea hasta abajo. Ya tienes la primera parte del test.

Vamos con la segunda pregunta: **¿Dices siempre lo que piensas o te callas algunas cosas?**

Como antes, 0 significa que nunca dices lo que piensas y 100, que lo dices todo. Piensa en qué porcentaje estarías, márcalo en la línea vertical y haz una línea horizontal hasta la otra punta del folio. Recuerda no marcar el 50 por ciento, que sería la mitad de la línea porque el test no te dará ninguna información valiosa.

Las dos líneas que acabas de trazar con tus respuestas se cruzan en un punto creando la ventana de Johari con cuatro espacios de diferentes tamaños. Sean como sean, son perfectos.

¿Qué significa cada espacio?

Cada cuadrante contiene una parte de la información que tienes de ti en la cabeza. Luego te digo cómo reorganizarla para sacarle más partido, es decir, potenciar tu crecimiento personal y, a la vez, tu bienestar. Pero ahora, vamos a ponerle nombre a cada área para que lo puedas anotar:

Rectángulo horizontal

1. Área pública: es la que tienes arriba a la izquierda. Es la parte de ti que tú misma y todos conocen. Tu nombre, tu edad, dónde trabajas, tus aficiones, tu estado civil, si tienes hijos, deportes que practicas, si te gusta salir de fiesta, si cuentas chistes... Cuanto más grande sea esta área, más libre y tranquila te sentirás, porque tienes pocos secretos que esconder.
2. Área ciega: arriba a la derecha. Lo que las demás saben de ti, pero tú desconoces. Es una información muy valiosa que solo puedes conseguir a través de los demás. A veces no queremos escuchar porque no nos gusta lo que oímos, y otras veces no nos lo dicen por miedo a que nos enfademos. Por poner un ejemplo, quizá tienes una amiga que piensa que es muy buena contando chistes y nadie se atreve a decirle que no es graciosa. Anota lo que te dicen los demás en este espacio, aunque no te guste lo que oigas; luego te digo qué hacer. Tener información es bueno y no te obliga a nada, la última decisión siempre es tuya.

Este rectángulo horizontal con dos espacios, área pública y área ciega, te indica cuánto sabes de ti y cuánto decides ignorar de ti.

3. Área privada: es el área que tienes abajo a la izquierda. Son tus secretos. Nadie más los conoce. Cosas que te han pasado y no quieres explicar o rasgos de tu personalidad que no quieres mostrar, porque no te sientes orgullosa. Todas tenemos algún secreto, pero no tengas muchos porque los secretos crean tensión e incluso a veces realidades casi paralelas. «¿Y si se enteran?», «¿Y si se dan cuenta?». Además, puedes estar enviando mensajes confusos. Imagina que tienes fobia a los espacios abiertos o con mucha gente, pero no quieres decirlo y cada vez que las compañeras de trabajo quedan en un espacio abierto y grande pones una excusa. Pueden pensar que no quieres relacionarte con ellas y terminen no llamándote. Las personas te definen por tus conductas.
4. Área inconsciente: es la que está abajo a la derecha. Lo que tú no sabes de ti misma y los demás tampoco. Es un área del cerebro que está blindada, es tu subconsciente, y dirige aquellas conductas que no sabes muy bien por qué las haces. Por ejemplo, cuando sientes miedo a cosas y los demás no, y no sabes por qué, o sientes rabia, tristeza, vergüenza, asco en situaciones en las que otras personas no sienten.

Este rectángulo vertical de la izquierda con dos espacios, tu área pública, que te indica cuánto de ti estás dispuesta a mostrar a los demás, y abajo, tu área privada, cuánto de ti te cuesta aceptar, es tu YO negado.

Experiencia personal

Hace veinte años el resultado de mi test fue un área pública muy pequeña y un área ciega muy grande, propia de mi personalidad introvertida, poco habladora y no dada a expresar emociones. Pensaba que, con esta conducta, me protegía. Tenía la sensación de que cuantas más cosas supieran de mí, más vulnerable era, como si todo lo que contara se pudiera volver contra mí. Ahora lo pienso y lo veo exagerado; por ejemplo, a mí no me gustan los toros y sé que hay personas que están a favor y personas en contra de mi opinión, pero no lo vivo como una amenaza; entonces sí lo hacía.

Este ejercicio me ayudó a ser más consciente de mi personalidad, una persona hermética, y empecé a entender a mi hermana mayor, que necesitaba saber cómo me sentía cuando estaba tan callada, y que crear una coraza de perfección no me hacía más fuerte. Siempre pensé que lo que me pasaba a mí, los demás lo utilizarían para hacerme daño o para hacerme sentir inferior, no porque fueran malas personas, sino porque el mundo era así, y eso que aún no existía Telecinco, donde se despellejan unos a otros como si nada. Hoy en día creo que todo venía de cuando mi padre murió, mi madre tenía miedo a lo que la gente pudiera decir de nosotras; está claro que hace cincuenta años la moral iba por delante de cualquier derecho, cualquier rumor te podía dejar marcada. Con siete años yo no entendía bien qué se podía decir y qué no, así que simplifiqué al máximo el mensaje: «No hables».

Cuando hice el test, decidí experimentar, a ver qué pasaba, sin arriesgar. Te parecerá ridículo, pero tenía tanto miedo, que lo primero que conté me lo inventé, y me sorprendió el calor humano que recibí. Expresar lo que sentía no me perjudicaba, sino que me hacía más humana, me sentía más parte del grupo. Antes no sabía en qué me podía ayudar contarlo. ¿Cómo iban a utilizar esa información? Pues sí, me ayudó, y mucho, a darme cuenta de que tenía un grupo en el que apoyarme, que no tenía que pasarlo todo sola. No creas que ahora hablo mucho de mí, pero sí vigilo que esa ventana no se cierre otra vez.

¿Sabes cómo pude aumentar mi bienestar? Haciendo más grande mi área pública. Directamente. La ventana tiene las dimensiones que tiene, lo cual quiere decir que si quieres ampliar un área, tienes que reducir otra. Imagina que tienes un piso de noventa metros y quieres ampliar el comedor, tendrás que tirar una pared y quitarle metros a otra habitación. Pues aquí, igual, es el mismo pastel que hay que repartir en cuatro porciones, ni una más, ni una menos, pero no tienen por qué ser iguales.

Por dónde empezar

Lo primero que voy a recomendar para que puedas llevar a cabo este ejercicio con éxito es reducir tu parte ciega, es decir, saber cómo los demás te perciben. Una cosa es que tú quieras seguir contando chistes, y otra que sigas creyendo que a tus amigas les encantan si no es así. Tener información no te obligará a cambiar, pero te dará la posibilidad de hacerlo y, sobre todo, vivirás en un plano de mayor realidad, ya que esta incluye al otro, a tu grupo de pertenencia. Piensa que hay una parte muy grande de ti que solo se ve desde fuera. Por ejemplo, hice un curso en Barcelona del arte de comunicar. Se trataba de hacer veintiséis exposiciones en público e ir mejorando la técnica en cada exposición. El tema que elegí fue la ansiedad. En la primera exposición, a los dos minutos, el profesor me hizo parar y me dijo que sonriera mientras estaba hablando. Le dije que la ansiedad era un tema muy serio y no lo veía coherente. Él insistió, así que continué la exposición sonriendo: «... y cuando un pensamiento terrible aparece en tu cabeza, los sistemas de alarma se ponen en marcha, tu cuerpo se prepara para luchar o huir, y cuanto más intensas son esas sensaciones, más real parece lo que estás pensando...». Y ocurrió algo que me pareció mágico; conecté con el público desde un punto más humano, empático, como si compartiéramos algo. La sonrisa hizo que me percibieran más amigable, el mensaje que recibieron fue «Estoy aquí para ayudaros, no soy una amenaza ni os estoy riñendo. Podemos aprender juntos a manejar la ansiedad».

Cómo vas a reducir tu área ciega

Busca en internet una lista de fortalezas, debilidades y valores personales, tanto buenos como malos, con los que te identifiques y con los que no. Cuanto más se aproxime a las cincuenta palabras, mejor. También te sugiero incluir un apartado pequeño de escritura libre, por si la persona quiere incluir alguna que no hayas registrado tú. El objetivo de este ejercicio es que hagas una generosa preselección de atributos y que después tu círculo cercano escoja libremente cuáles creen que te identifican.

Fotocopia ese documento las veces que consideres, teniendo en cuenta que ahora vas a tener que repartir estos papeles entre familiares, compañeras de trabajo, profesoras, amigas de toda la vida y amigas de etapas posteriores, cuantas más personas mejor. Pídeles que subrayen entre siete y diez palabras que te definan, y si puede ser en menos de cinco minutos, mejor. Es importante que no pongan su nombre en el folio, debe ser anónimo, aunque tú deberás mantener separados los papeles de cada grupo, porque según en qué ambiente estás vas a ver que te perciben de una manera diferente.

Tú también debes rellenar ese papel, de ese modo, todas las palabras que hayas subrayado y coinciden con la mayoría de las personas, las añadirás a tu área pública, porque son características que tú conoces de ti y que las demás personas piensan que también te identifican. El resto de las palabras forman parte de tu área ciega.

Abre la mente. Sacarás más provecho al ejercicio si tu actitud es de: «Qué suerte tengo de poder conocer cómo las demás personas me perciben desde fuera».

Ten en cuenta las cualidades que más se repiten en las encuestas, ya que te indicarán qué marca estás dejando en las demás. Y, una vez que las observes, decide si quieres hacer algún cambio, aunque solo sea por experimentar. Por ejemplo, si en la mayoría sale que eres introvertida, ¿por qué no pruebas a ser la primera en saludar o prepararte algo que contar en la próxima reunión? o si sale que eres impaciente, valora si tienen razón. ¿Cómo? Con alguna acción sencilla, por ejemplo, pon una olla pequeña llena de agua al fuego y espera que empiece a hervir, sin hacer nada más. La paciencia es, junto con la disciplina y la actitud, la base de la sabiduría. Practica la calma cuando esperas.

Y así ve revisando cada palabra, tomando conciencia de cómo te perciben y qué cambios crees que debes implementar para crecer.

Reduce tu área privada

En esta área está todo lo que las demás no saben de ti. Quizá te avergüenzas de algunas manías, de algunos fracasos, de que no te hablas con un familiar o de alguna discapacidad o debilidad mental o física. Hay que diferenciar entre intimidad, privacidad y secretismo. No es necesario contarlo todo, para nada, pero cada secreto que guardes te generará tensión, por miedo a que alguien termine descubriéndolo. Revisa qué hay en esta área y empieza contando cosas de cuando eras pequeña, por ejemplo, experiencias que, al haber pasado tanto tiempo, en cierta medida, ya han caducado. Seguramente encontrarás más comprensión de la que esperabas o, incluso, que no se les dé tanta importancia como habías creído.

Todo lo que reduzcas de esta área se ampliará en tu área pública. Ahora bien, ya hemos visto que se trata de un área inconsciente, así que probablemente te preguntes cómo pueden reducirse las dimensiones de un área que no sabes qué contiene.

Es complicado acceder a esta área, aunque se sabe que está llena de información que dirige tus conductas. Freud decía que, a través de los sueños, sí podíamos llegar a ella.

Te animo a que anotes los sueños que tienes y a hacer un curso de interpretación de sueños o a ver tutoriales online: estoy segura de que descubrirás algún dato interesante.

CUENTOS PARA TOMAR PERSPECTIVA

El secreto de la mariposa azul

Los cuentos son una herramienta muy potente a cualquier edad —sí, a cualquiera—, porque te permiten trabajar muchos temas con perspectiva a través de una narrativa algo más informal y muy metafórica. Te será más fácil conectar con la historia si hay alguna circunstancia que compartes con el o la protagonista —la misma profesión, edad parecida, los mismos valores, etc.— pero como NO ERES TÚ ni te está pasando a ti ni a nadie de tu familia o amigos, eso permite que tu cerebro emocional y reptiliano estén relajados y que el racional pueda trabajar con más claridad.

COMO SI FUERA

El *«Como si fuera»* es el juego simbólico al que empezaste a jugar a los dos años de manera natural y con el que aprendías a moverte en el mundo de los adultos.

¡Voy a refrescarte la memoria!

A lo mejor colocabas todos los peluches y muñecas en la cama y les explicabas la lección *como si fueras* la maestra.

O vendabas el bracito del osito *como si fueras* una médica.

O colocabas los objetos *como si fuera* una tienda y tú eras la vendedora.

O reñías a la muñeca porque se había portado mal *como si fueras* su mamá.

El juego simbólico te ayudó de niña a adaptarte a este mundo desde un entorno seguro, tu casa, y con los peluches, muñecas y personas que te cuidaban. Ahora que tu cerebro está completamente formado y sabes leer, le puedes sacar más provecho, porque con los cuentos, que son historias cortas, puedes recrear infinidad de escenarios en tu cabeza y empatizar con la protagonista. Asimismo, puedes pensar cómo resolverías tú ese problema, ver cómo lo soluciona ese personaje de ficción, sentir alegría o tristeza o rabia *como si fueras* él, pero no lo eres, sabes que a ti no se te ha caído la casa a causa de un terremoto. Estás entrenando el cerebro, viendo cómo unos personajes, parecidos a ti en algunas características, solucionan problemas que te podrían pasar a ti, estás FLEXIBILIZANDO tu cerebro, se va volviendo divergente, es decir, un problema, varias soluciones.

En cambio, cuando el cerebro trabaja de manera convergente —un problema, una solución—, si esa solución no es posible, te rompes, no ves otra salida, empieza la rabia, la frustración, la ansiedad o la tristeza.

En la vida real también nos sucede. Así, seguramente alguna amiga te ha contado su problema y, aun estando preocupada por ella, quizá te ha sido más fácil encontrar soluciones. No obstante, tu amiga está como bloqueada y no encuentra la salida, o al revés, solo piensa en atacar y llevarse a todo el mundo por delante. Y quizá te acuerdes de alguna vez en la que tú te has sentido tan desbordada por la rabia o el miedo que te costaba pensar en una solución que no empeorara el problema; por ejemplo, «Si se muriera mi amiga ya no discutiría más con ella» es una solución, pero si todo lo arreglamos así, la humanidad se extinguiría pronto, y no creo que quedarte sola sea tu objetivo en la vida. Así que, como el cerebro es un músculo, ¡vamos a entrenarlo!

Leer cuentos es como un entrenamiento. No es necesario que encuentres el cuento preciso del momento que estás pasando. Yo busqué en internet «Cuentos para adultos» y en cuanto pulsé el *enter*, pensé que me saldría pornografía, porque cuando una película es para adultos, te avisan que hay sexo, drogas, violencia, palabras mal sonantes..., pero no, ¡salieron cuentos!

Los cuentos van a hacer que tu cerebro se abra a nuevas experiencias y nuevas maneras de actuar, y te ayudarán a saber cómo han resuelto el problema, qué herramientas han utilizado, cómo ser asertiva sin faltar al respeto. De esta forma, el cerebro se va volviendo más flexible y desarrolla una mayor capacidad de adaptación a nuevas situaciones y a encontrar salidas. Con los cuentos también verás cómo aumenta tu capacidad de resiliencia —que es la capacidad de recuperar tu estabilidad emocional después de un hecho estresante como la muerte de un ser querido o la pérdida de un trabajo— y cada vez te sentirás más fuerte para afrontar nuevos retos.

DIFERENCIA ENTRE LEER Y VER PELÍCULAS

Imagina que pelo una manzana en cuatro trozos, la corto y te la ofrezco; tú la masticas, la mezclas con tu saliva, la experimentas y te la tragas. Esto sería leer. En cambio, si pelo y corto la manzana, me la pongo en la boca, la trituro con mis dientes, la mezclo con mi saliva y luego te ofrezco esa papilla, tú solo tienes que tragar. Hay aprendizaje, pero es mínimo.

Esta es la gran diferencia entre leer y ver películas. Una actividad no sustituye a la otra y pueden ser perfectamente complementarias, pero si solo tienes tiempo para una, mi recomendación es que leas.

¿QUÉ SUCEDE SI NO ES PRÁCTICO?

Si no entrenas la mente con situaciones figuradas, cuando llegue una situación real, es más fácil que entres en ansiedad por la falta de flexibilidad. Recuerda que las neuronas que disparan juntas tienen tendencia a seguir disparando juntas y a no salir del modo robot.

Por poner un símil, imagina que tienes una cubertería completa, pero siempre utilizas el tenedor para todo, incluso para comer sopa. Te enfadarás y tendrás estrés o ansiedad cada vez que haya sopa para comer y tu mente se irá volviendo rígida y será incapaz de ver que en el cajón tienes cucharas.

Tu cubertería está completa desde los veinticinco años; de los veinticinco a los treinta estás ajustando todas las piezas, pero tu cerebro ya está completo. Te será más fácil aprender a utilizarlas si te explican cómo se hace. Esto se llama «aprendizaje vicario», y para ello ¡qué mejor que un cuento!

PASAR DE ALGO RÍGIDO A ALGO FLEXIBLE

Puede ocurrir que un problema que hace tiempo que pasó ya no te genere estrés y pienses que ya lo has superado, pero un día, sin esperarlo, tropiezas con un estímulo que te recuerda que el problema sigue ahí, y vuelve la ansiedad.

¿Qué sucedió? ¿Por qué durante un tiempo te sentiste bien y ahora regresa el malestar?

Seguramente desaparecieron todos los estímulos que te recordaban el problema o focalizaste tu atención en otro asunto más importante y dejaste de rumiar, pero no te ocupaste del problema, que no estaba resuelto, y quedó latente hasta que un estímulo activó de nuevo la emoción. Ahí está la diferencia entre ser rígido o ser flexible. Si tienes muchos temas pendientes porque los dejas para después, tu mente trabajará pesada y se volverá rígida. En cambio, si vas resolviéndolos, quitando peso, tu mente estará más ligera, fresca, hábil y flexible.

Antes de hacer mi trabajo de crecimiento personal, mi estrategia era mirar para otro lado, ignorar lo que sentía y no parar de hacer cosas para distraerme y no pensar.

Estaba convencida de que no pensar en el problema era aceptarlo y no entendía por qué tenía ansiedad. ¡Ojalá fuera tan fácil, ¿verdad?! La diferencia entre aceptar y resignarse la entenderás cuando lo experimentes. Y cuando lo experimentes la primera vez, las siguientes te será más fácil. Para que tengas una pista: la resignación te ahoga y la aceptación te libera. Y lo mejor es que, para que todo vuelva a la calma, no es necesario nada exterior, no tienes que comprar un incienso especial, ni nadie tiene que hacer una penitencia. Es un puzle que no encaja en tu cabeza y te crea malestar. Cuando dejes de luchar, de mover las fichas, el puzle empezará a encajar, hasta llegar al clic final, la aceptación. ¡Es una sensación genial!

Pero de momento no te preocupes de esto, si vas haciendo los ejercicios del libro, esta sensación llegará sola.

RUMIAR VS. OCUPARSE

Uno de los pasos imprescindibles para este crecimiento y liberación personal es distinguir entre lo que es rumiar y lo que es ocuparse de algo.

Me di cuenta de que cuando me quedaba rumiando, me desgastaba y, en cambio, ocuparme de la situación me permitía avanzar. Veamos las diferencias.

Rumiar

«Mira lo que me ha pasado, ¿por qué tenía que pasarme a mí?», «No te puedes fiar de nadie», «La gente es muy egoísta», «No me merecía que me trataran así», «No voy a dirigirle nunca más la palabra». «Pero ¿cómo me ha podido pasar si siempre voy con cuidado?», «¿cómo puede haber gente tan irresponsable?», «Yo no me merecía esto».

Ocuparse

Seguro que con estas dos acciones queda más clara la diferencia.

1. Describe objetivamente qué ha pasado, es decir, como si describieras una botella de agua: es alargada, redonda como un tubo, la base es plana y por arriba se hace estrecha, tiene un tapón de rosca de color azul. La botella es de plástico transparente, tiene una etiqueta con la marca y las características del agua que contiene. Tiene unas ranuras que permiten un mejor agarre y que no se escurra la botella.

2. ¿Qué quieres conseguir? Es importante que lo sepas para que todas tus conductas te lleven a ese objetivo. A veces el orgullo es muy mal consejero, crees que ganas y cada vez estás más lejos del objetivo.

Para bajarlo un poco más, este sería mi ejemplo personal:

1. PROBLEMA: Me han puesto una multa de 200 euros por hacer caso a otra persona.
2. DESCRIPCIÓN: Me apunto a un retiro de yoga. La instructora me está esperando en el puerto para ir todas juntas a la casa rural que está en la montaña. Al principio del puerto hay una señal que pone ZONA VIGILADA POR CÁMARAS. PROHIBIDO PASAR. Por teléfono me dice que pase sin problemas, que me están esperando, que no haga caso de la señal. Durante el retiro, ella se muestra muy atenta, es muy agradable y como instructora de yoga un diez, pero por algunos detalles, me doy cuenta de que es poco realista. Por ejemplo:

    a. La excursión programada es de dificultad alta, pero no ha tenido en cuenta que iba una persona con una discapacidad, otra con problemas de espalda y una tercera con problemas en las piernas, que no pudo hacerla.
    b. La reserva del restaurante se hizo a una hora en la que era imposible llegar. Se dio cuenta media hora antes, y el restaurante tuvo que ajustarse a la nueva hora.
    c. Dos de las actividades programadas no se pudieron realizar. Una porque el lugar estaba en obras y la otra porque no había preguntado el horario y cuando quisimos ir estaba cerrado.

3. OBJETIVO: Ser responsable de mis conductas sin culpabilizar a otras personas.
4. EMOCIÓN: Rabia por tener que pagar la multa y por haber confiado en una persona que apenas conocía. Me doy permiso para sentir esa emoción hasta que se quiera marchar.
5. CONDUCTA: No alimentar la rabia con pensamientos que solo generan más rabia. Informar a la persona de que la multa llegó por si quiere avisar a otras personas de que la cámara sí funciona. Frenar todas las conductas que vayan en contra de mi objetivo, como culpabilizar a la instructora, exigirle el pago de la multa, abrir una discusión, dejar que mi mente entre en bucle generando más rabia...

Estos ejercicios te pueden parecer pesados al principio porque hay que escribirlos, pero es importante que lo hagas de este modo porque, si no, es probable que no funcionen; pero cuando lo hayas hecho un par de veces, vas a ver que cogerás tal habilidad que tu mente los hará de manera automática, sin necesidad de escribirlos. No sabría decir cuántos escribí yo; sé que me senté y estuve varias horas, porque cuando empecé fue como abrir un grifo que lleva siglos cerrado: lo primero que sale es muy oscuro y no lo cerré hasta que salió el agua clara.

Hazlo a tu manera, pero si ves que nunca te va bien sentarte, busca y reserva un hueco de media hora en tu agenda y apunta también el problema que vas a trabajar. Quizá te parece que hay una montaña de cosas por hacer, y las hay. Pero, una vez has trabajado los temas más difíciles de tu vida, el camino se vuelve más agradable. Déjate llevar por los ejercicios, ve haciéndolos cada día, adquirirás práctica y soltura, y, sin darte cuenta, tu mente se irá volviendo cada vez más flexible, más resolutiva; de igual modo, tu perspectiva del mundo, del futuro y de ti misma cambiará y todo se volverá más fácil. ¿Acaso estos superresultados no merecen un poquito de esfuerzo?

¡Y ahora a leer cuentos para adultos!

Que nadie mastique la manzana por ti.

LA MARIPOSA AZUL

Te voy a contar yo uno que me encanta y que tiene una leyenda preciosa:

> Había una vez una mujer muy muy sabia, tanto que no se conocía en la comarca una persona que la superara en sabiduría, por lo que todo el pueblo la respetaba, incluso venían de otros lugares a pedirle consejo sobre diferentes temas, como el cultivo, los hijos, la compraventa de animales o terrenos, discusiones entre familiares o vecinos, o simplemente iban a verla por el placer de escucharla.
>
> Un día, dos personas que dudaban de su sabiduría quisieron tenderle una trampa.
>
> «Iremos a su casa con una mariposa azul entre las manos y le preguntaremos si está viva o muerta. Si la mujer sabia dice que está viva, apretaremos las manos y la mariposa morirá, y si dice que está muerta, abriremos las manos y la mariposa saldrá volando. De esta manera, conteste lo que conteste, fallará y dejará de ser la mujer sabia que todos admiran».
>
> Se acercaron a la casa de la mujer y le dijeron:
>
> —Tenemos una mariposa azul entre las manos. Dinos, sabia mujer, ¿está viva o muerta?

La mujer se quedó en silencio mientras miraba las manos que sujetaban la mariposa azul. Los miró a los ojos y contestó:

—LA SOLUCIÓN ESTÁ EN TUS MANOS.

Confía en ti, en tus herramientas, en tu sabiduría. Como decía esta sabia mujer, la solución está en tus manos.

BUDISMO SIN SER BUDISTA

Geniales explicando conceptos

Me bautizaron en la religión cristiana porque era la religión de mi familia. Cuando era pequeña, era creyente y practicante; de adolescente, era creyente pero no practicante; cuando entré en la edad adulta, no era creyente ni practicante y ahora soy practicante, pero no creyente.

Hago meditación a diario, recito algún mantra, hago retiros espirituales, de silencio, de yoga, trabajo los valores. Creo firmemente que el amor es el pegamento que nos une, y la rabia, el combustible que lo destruye todo. Participo como voluntaria en actividades para el bienestar social con tertulias de psicología en las redes sociales, colaboraciones en programas de radio y televisión, meditaciones guiadas, y siempre que me piden ayuda participo si mi discapacidad me lo permite.

No es importante, pero, por si tienes curiosidad, practico el budismo porque su manera de ver el mundo me aporta aprendizajes, y no soy budista porque no conecto con la parte espiritual, seguramente por mi manera de ser tan práctica y mental.

POR QUÉ EL BUDISMO

La perspectiva que tienes del mundo, del futuro y de ti es lo que hace que sientas tristeza, alegría, rabia, miedo o serenidad. Son nuestros pensamientos los que modulan las emociones. A veces nos aferramos a unas ideas sin darnos cuenta de que, indirectamente, nos están enfermando. Y es curioso ver que, cuando cambiamos la perspectiva, cambia la visión que tenemos, las sensaciones, y la actitud misma ante la vida.

La perspectiva de la filosofía budista me impactó, sobre todo porque era muy diferente a lo que había escuchado hasta entonces. Un día, hará diez años más o menos, buscando un pódcast para meditar y reflexionar mientras andaba hacia Pallerols —una ermita que hay en mi pueblo—, la aplicación me ofreció páginas budistas y decidí entrar a curiosear.

Escuchar aquellos pódcast me daba serenidad, y no solo al momento, sino que era consciente de que cada día me sentía mejor. Cuando un camino te sienta bien, no lo dejes, sigue ahí, confía en tu instinto, vas bien orientado.

Te confesaré que, hasta que no oí a un budista hablando de valores en un pódcast, para mí los valores equivalían a sufrimiento.

Valores

Quiero compartir contigo cuáles son los valores principales sobre los que se fundamenta el budismo y por qué para mí ha sido tan importante conocerlos y trabajarlos.

Amor

Mi creencia no consciente era que el amor tenías que merecerlo. Te podías amar a ti misma si eras perfecta. Dependiendo de la edad, tenías que ser la estudiante perfecta o la trabajadora impecable, el ama de casa intachable, la mejor amiga, delgada, la mejor cocinera, la que vistiera mejor, la más guapa. El listón estaba tan alto que era imposible quererse. Hiciera lo que hiciese, una sabía que nunca iba a ser suficiente.

Con el budismo aprendí que el ser humano tiene valor en sí, porque cada cual nace siendo un ser suficientemente valioso, independientemente de si nosotros o el resto de las personas lo reconocen. Ahí reside el amor incondicional, la autoestima. Luego, que seas jardinera, abogada o peluquera no tiene tanto valor; a decir verdad, son actividades para pagar las facturas, ayudar a los demás, pero no te dan valor, porque ya naciste con valor, y eres tú quien da valor a la ropa, las profesiones, los coches, las joyas, las casas... no ellas a ti. Si ya partes de que eres una persona con valor y mereces quererte y ser querida, es más fácil que tus conductas vayan dirigidas hacia objetivos de crecimiento y no de rabia y destrucción.

Respeto

Cuando oí a un budista hablar del respeto y utilizar en la misma frase expresiones como «flexibilidad», «tolerancia», «capacidad de escucha», «preguntar a la otra persona qué necesita», «abrir la mente», «amar lo que ves sin juzgar»... ¡me explotó la cabeza de felicidad!

Lo que yo había aprendido de las monjas y de la sociedad que me rodeaba sobre respetar era que había que obedecer sin quejarse, que sin obediencia no había respeto, que la homosexualidad era una vergüenza, que un adulto podía pegarte, gritarte o incluso besarte, aunque no te apeteciera, pero que una niña jamás podía hacer estas cosas. El respeto era represión, no tenía nada que ver con el amor.

Culpabilidad

Para los budistas, ¡no existe!

La consideran una respuesta emocional subjetiva del ego, un lastre en tu vida que no te aporta nada. El budismo fomenta la responsabilidad de tus acciones, haciéndote consciente de las consecuencias positivas y negativas de esa conducta para, así, poder decidir si te vale la pena continuar o cambiarla por otra cuyas consecuencias aporten valor a la sociedad y a ti misma.

Paciencia

Mi interpretación de siempre había sido que la paciencia era no tener derecho a quejarte y tener que aguantar. Sin embargo, en el budismo la paciencia es un valor necesario para llegar a la sabiduría. Necesitamos trabajar la paciencia para seguir practicando, no perder el tiempo enfadándonos sino entender que para aumentar la sabiduría hay que equivocarse y volver a intentarlo, hasta que adquieres maestría. Hay que tener paciencia con los demás seres humanos porque les pasa lo mismo que a ti: no todos damos importancia a las mismas cosas, somos torpes y tenemos que practicar.

En mi mundo, no obstante, a la que se equivocaba la llamaban «tonta», no le decían que iba por buen camino y que siguiera intentándolo.

Disciplina

La disciplina era rigidez. Cuando un adulto utilizaba la violencia, le llamaba «disciplina».

En el budismo «disciplina» es ser consciente de que para conseguir un objetivo tienes que marcar unos pasos y cumplirlos activando tu actitud y tu empeño hacia lo que quieres alcanzar. Hay que amar y luchar por lo que deseas lograr, por aquello que te va a beneficiar, sobre todo a largo plazo, que son los beneficios más importantes.

Practicar

Escuchando la filosofía budista me fue más fácil ver las dificultades como retos y no como castigos. También aprendí que las relaciones sociales no siempre son fáciles, pero son indispensables para trabajar los valores y madurar como personas.

¿Cómo trabajarías la generosidad si nadie te pidiera ayuda alguna vez?

¿Cómo trabajarías la humildad si no tuvieras dificultades para pedir ayuda?

¿Cómo trabajarías la paciencia si nadie te hace esperar?

¿O la frustración si nadie te decepciona o nadie pudiera ver cómo te equivocas?

¿A quién amarías si no hubiera nadie a quien amar?

La vida te da oportunidades continuamente para trabajar los valores. Y si todavía te cuesta amar lo que ves, no te preocupes, mañana la vida te seguirá poniendo personas y situaciones para que sigas practicando.

En definitiva, la filosofía budista me ha enseñado otra manera de ver la vida, y me gusta porque no se basa en el pecado, el miedo, las mentiras, los castigos, la vergüenza y la culpa. Más bien, ya lo has visto, en todo lo contrario, en potenciar los valores positivos.

Me ha ayudado a entender muchos conceptos, como la autoestima, el apego, la rabia, lo material, el ego. Asimismo, me ha ayudado a comprender aspectos y asuntos esenciales como el desarrollo de la persona; que buscar objetivos a largo plazo te lleva a la sabiduría y a la riqueza interior y que las recompensas a corto plazo te hacen más pequeña; a conocerme a mí misma; a aceptarme; a tener compasión y autocompasión; a perdonarme para seguir creciendo, a tener paciencia conmigo misma; a cambiar mi actitud hacia lo que es bueno para mí, aunque no sea lo que más me apetezca, entre otros. Es una filosofía enfocada en el amor y el humor, en soltar la hostilidad y el resentimiento hacia uno mismo y hacia los demás.

La buena educación existe, búscala.
Yo creía que era feliz.
Ahora lo soy.

AUTOESTIMA Y...

Es la palabra que más escucho en la consulta. Cuando una persona se siente mal, cree que la causa es una autoestima baja, pero en realidad pocas personas saben qué es la autoestima o cómo conseguir una autoestima sana. En este apartado intentaré que consigas verlo, porque, en realidad, no se trata de adquirir objetos, metas o conocimientos, sino de dar un giro en tu mente.

No siempre resulta fácil poner en palabras una sensación, y eso es la autoestima, una sensación.

Si la buscas fuera de ti, no la vas a encontrar. Porque no es tener una carrera, como yo pensaba, ni tener un pelo impecable o unos pechos nuevos o la pareja perfecta. Es más sencillo. Tampoco es una emoción primaria con la que naces, como el miedo o la tristeza, sino que se ha de FORMAR, igual que la sabiduría o la paciencia. Así que en este apartado quiero que sepas que, si en algún momento has sentido que tu autoestima era o es bajita, tranquila, tiene solución.

METÁFORA

Recuerdo a mi madre mirando las joyas que le había regalado mi padre como si de un tesoro muy valioso se tratara. Hubiera deseado ser esas joyas para ser admirada así. Las limpiaba con un paño muy fino, las guardaba en cajitas y luego las colocaba ordenadas dentro de una caja fuerte cerrada con una contraseña.

CÓMO SE FORMA

Para que puedas descubrir el valor que ya posees es importante percibir esa mirada y esas conductas de cuidado cuando eres pequeña. Es como si, con la mirada hacia ti, tu referente te indicara que hay valor dentro de ti, independientemente de lo que hagas, y, con sus conductas, te mostrara cómo debes cuidarte y tratarte.

Si te fijas, te darás cuenta de que los niños y las niñas buscan, continuamente, la atención de sus referentes. Necesitan ser mirados y admirados para formar una autoestima sana, y poco a poco irán sintiéndose seguros para explorar el mundo sin depender de sus referentes.

Esta semilla se empezó a gestar dentro de ti de manera natural y sin darte cuenta cuando tenías seis meses. En ese momento elegiste tu referente, seguramente entre las varias personas que te cuidaban, y es muy posible que hubiera una preferida, por lo general la madre, que suele ser la que menos tiempo tiene, como era mi caso. Si esa mirada no se da, te pasarás la vida dependiendo de otras personas, esperando que te miren y admiren; es algo no consciente, instintivo, necesario para formar tu autoestima.

Esta manera natural de generar la autoestima es lo que nos gustaría que pasara siempre, pero ahora vamos a ver lo que pasa en realidad.

Los referentes del niño/a, el padre y la madre, suelen desarrollarse con unos progenitores que están entre los treinta y cuarenta años, que es cuando se dan las crisis más importantes de la vida de una persona, con estrés y quizá con ansiedad también. Son crisis relacionadas con el trabajo, la pareja, con la idea de tener más hijos o acerca del lugar donde se vive. La persona se hace preguntas como si debería cambiar de trabajo, si la pareja con la que vive es con quien se ve en el futuro, preguntas sobre si tener más hijos o si la vida que llevamos nos llena lo suficiente, etc. Son momentos en los que los padres disponen de poco tiempo para mirar y admirar a los hijos e hijas y favorecer que esta magia se produzca.

Y no digo que no los adoren, pero es raro encontrarte una persona con niños pequeños que haya tenido tiempo de iniciar un trabajo de crecimiento personal que le permita tener suficiente calma mental para transmitir una autoestima sana. Más bien veo muchas frases positivas —«Tú puedes, eres la mejor, eres una niña muy valiente, tienes un corazón muy grande»—, pero cuando la niña se equivoca, se enfada o tiene un mal día y grita porque ha suspendido, de golpe pareciera que pierde todo su valor, y eso no es posible. Un lingote de oro conserva su valor por mucha tierra que le eches encima.

Es muy agradable cuando una persona sonríe. Y es muy desagradable cuando grita, insulta, pega o rompe cosas. La misma persona necesita estas dos expresiones, y cambiar la primera por otra más adaptativa que le dará mejores resultados es algo necesario y bueno para ella, pero, a lo largo del proceso, seguirá teniendo el mismo valor y mereciendo nuestro respeto por igual.

DALE LA VUELTA

Cuando algo me salía mal me sentía una inútil, apretaba los puños y la mandíbula con fuerza y hubiera dado años de vida por poder retroceder en el tiempo y hacerlo perfecto. No es necesario caer en una depresión, como me pasó a mí, para entender que aprendes equivocándote, que hay que saber perdonarse, tener paciencia y que lo más importante es caer en la cuenta de que tu intención era buena. Era muy cabezona, pero son conductas que tú decides si quieres cambiarlas y cuándo cambiarlas.

Ahora, cuando algo me sale mal, me permito un momento de enfado y luego sonrío. Este gesto es muy importante para mí, porque me hago consciente de que soy humana. Ya después pienso si puedo reparar el error de alguna manera y, si no, probaré de hacerlo de otro modo la próxima vez.

Machacarme es quererme igual de mal que equivocarme y no querer aprender a hacerlo mejor la siguiente vez. Ser perfeccionista y ser pasota son los dos extremos de la autoestima, la parte insana.

Desarrolla tu propia autoestima

Si sientes que no formaste una autoestima sana cuando eras pequeña y quieres tenerla, te la puedes dar tú. ¿Estás preparada? ¡Vamos a por ello!

Partimos de que un objeto, una persona, una situación; se vuelven especiales cuando los miramos con admiración. Así que cierra los ojos y pon en marcha tu yo observador, y presta atención a tu respiración, no la cambies, solo obsérvala; como estés respirando es perfecto.

Recuerda, tu mente da valor a lo que conscientemente miras y le prestas atención. Si ves que la mente se va, la corriges y la vuelves a traer a la respiración. Durante unos minutos, tu respiración es lo más importante que hay en el mundo, tú eres lo más importante. Puedes ponerte una mano en el abdomen o en el pecho y dirigir una mirada valiosa hacia dentro. Maravíllate de algo tan increíble como es estar viva.

Día a día te irás conociendo y sintiéndote más a gusto y en paz contigo misma. Esa semilla que acabas de sembrar irá creciendo, y cuando enraíce, ella sola crecerá sana y fuerte, solo tienes que mirarla y admirarla cada día.

Para quererse no hay que hacer grandes cosas, sino admirar las pequeñas cosas que hacemos, como sonreír, dar las gracias, saludar, preguntar a una persona cómo se encuentra, dar un abrazo a las personas que queremos o que vemos que lo necesitan.

Te contaré dónde estaba y adónde debía llegar para que puedas extrapolarlo a ti:

Ignorancia consciente

Sabía que no me quería, pero ignoraba cómo cambiarlo. Había descubierto la palabra «autoestima» y que había personas que no eran perfectas, pero ¡se querían a sí mismas! No sabía cómo hacerlo, aunque sí sabía que eso lo quería para mí.

Ignorancia no consciente

No sabía que yo podía llegar a quererme. Simplemente me machacaba, quería hacerlo todo perfecto y controlar mi vida para no sufrir.

Sabiduría consciente

Empecé a hacer ejercicios, practicar cada día, con ganas y sin ganas, esforzándome, creando una rutina nueva que no tenía, hablándome mal y pidiéndome perdón, riéndome de mi torpeza, aprendiendo cómo desarrollar una autoestima sana.

Sabiduría no consciente

Supe que había hecho el cambio cuando la sonrisa salía sola.

Cuando voy al gimnasio sin ganas porque me quiero mucho y me sonrío. Cuando decido si vale la pena cambiar alguna conducta o continuar igual. Cuando me es fácil ver mi parte de responsabilidad en cualquier situación en la que he participado, tanto si ha salido bien como si ha salido mal. Cuando no me juzgo por sentirme mal, sino que pienso qué puedo hacer para sentirme mejor, sabiendo que sentirme bien solo depende de mí.

Como una herramienta paralela a la autoestima, me interesa que veamos juntas otra que, aunque a veces se lleguen a confundir, son distintas.

... Y AUTOCONCEPTO

Los separé y gané

El autoconcepto es lo que piensas de ti, el concepto que tienes de ti misma. Así, digamos que la autoestima es el amor que tienes hacia ti misma, un amor incondicional, y el autoconcepto es la parte práctica, racional y objetiva.

Mientras los tuve directamente vinculados y casi fusionados, sufrí mucho porque cada vez que me equivocaba mi autoconcepto bajaba y también mi autoestima, y cuando algo me salía bien mi autoconcepto subía y mi autoestima también. Este pensamiento es propio de nuestra cultura capitalista «tanto tienes, tanto vales»; si eres perfecta, mereces ser querida y si te equivocas, debes castigarte. Como ser perfecta, es imposible, al día tenía múltiples razones para castigarme: por haber aumentado de peso, por no poder ponerme falda porque no iba depilada, por ser lenta, por no haber sabido contestar, por no haber ido al gimnasio ese día, por no tener más tiempo para llamar a mi madre o jugar con mis hijas, por no tener tiempo para mí y por perderlo en mí cuando tenía tantas tareas pendientes.

¡Divide y vencerás!

Separa los dos conceptos, racionaliza al máximo el autoconcepto y avanzarás más rápido.

Primero pensé en qué objetivos me gustaría conseguir. Hice una lista demasiado exigente, supongo que ese era el motivo de mi estrés, porque nunca llegaba a todo, hubiera necesitado días de cuarenta y ocho horas, pero verla escrita me ayudó a priorizar y a darme cuenta de hasta qué punto deseaba o no aquello por lo que me estaba machacando.

Imaginé una balanza. En un lado ponía el tiempo, el esfuerzo y el dinero que tenía que invertir a la semana para conseguir cada uno de los objetivos y, en el otro, el crecimiento personal que me iba a aportar. Si la balanza estaba equilibrada, perfecto.

Si el crecimiento era grande y la inversión pequeña, ¡genial!, pero si la inversión era mucha y los beneficios escasos, lo mejor era descartar la idea.

Una de las cosas de mi lista era tener unos abdominales fuertes. Yo ya hacía deporte, pero no era suficiente para conseguir mi objetivo, así que busqué en internet los ejercicios y el tiempo que les tenía que dedicar al día, y me quedó muy claro que no pensaba invertir tantas horas en algo que no me iba a aportar nada a mi crecimiento personal. Y cuando me miraba la barriga pensaba: «Prohibido quejarse, si quieres haces los ejercicios y, si no, no los haces».

También me hubiera gustado medir diez centímetros más, y cuando vi un programa de cómo se podían alargar las piernas entre cinco y siete centímetros casi me desmayo, lo quité de la lista y no volví a quejarme.

Lo siguiente era hablar inglés. Miré qué programas había gratuitos, porque solo lo quería para viajar, cuánto tiempo le podía dedicar a la semana y me hice un horario. Si me venía el pensamiento de que aún no hablaba inglés, me ponía en modo práctico: «¿Quiero añadir más tiempo al inglés para avanzar más rápido y quitarlo de otra actividad?». Si la respuesta era «no», seguía como estaba, y si me venía el pensamiento, yo misma me contestaba: «Aún no tengo el nivel que me gustaría, pero no quiero dedicarle más tiempo».

Uno a uno fui descartando algunos de los objetivos y recolocando en la lista otros por orden de preferencia.

Cuando algo te salga mal, simplemente dite que tienes que practicar más, porque las cosas se consiguen racionalmente, nunca machacándote: cuanto más practiques más maestría tendrás y serás consciente de que tienes más habilidad para unas cosas y menos para otras, como todo el mundo.

Corta de raíz el QUEJARTE POR SISTEMA y date cuenta de que NO NECESITAS TODO LO QUE DESEAS, pues eso te ayudará a mantener tu autoestima sana.

Me percaté de que todo lo que me gusta no siempre me conviene y de que lo que menos me apetece a lo mejor es lo que más me conviene. Esto es una mala pasada, porque hacer las cosas sin ganas, aunque sepas que es lo mejor para ti, ¡no funciona! El riesgo de abandonar el objetivo es muy alto.

Así que aprendí a CAMBIAR MI ACTITUD y dejé de fumar, porque, aunque me gustaba mucho, no era bueno para mí. Y voy al gimnasio pese a tener dolor, pensando que es importante para que mi discapacidad muscular avance más lenta, y voy y doy lo mejor de mí, con una sonrisa, con energía, empoderada y contenta.

Mi secreto es este, espero que te sirva: pienso en una actividad que me motiva mucho y observo los pensamientos que me vienen a la cabeza —«¡Qué bien me lo voy a pasar, tengo ganas de ir!»—, intento recordar cómo ando cuando voy hacia un sitio que me gusta, cuál es mi postura —¿encorvada y arrastrando los pies o recta, ligera y contenta?— y voy hacia mi objetivo con esa actitud. Ya sé que es un poco forzado, pero verás cómo el cerebro entiende que es bueno lo que vas a hacer. Con la conducta desganada le estás diciendo al cerebro que lo que va a hacer no vale la pena, y ¡no es verdad!, que no te apetezca hacer algo no significa que no sea bueno para ti.

«Hoy estoy perezosa».

«Hoy ESTOY perezosa» es diferente que decir «SOY perezosa, vaga, nunca haré nada en la vida, no conseguiré ningún objetivo, soy mediocre y siempre lo seré». Sé que no es así. Es verdad que en este momento estoy perezosa, y si mañana me vuelve a pasar me diré: «Venga, Sara, arriba, que el sofá un ratito es bueno, pero todo el día no», porque tengo unos objetivos para trabajar. Pero hay que ser un poco flexible, que no digo que te abandones, sino que seas consciente de que diez minutos más en el sofá no te arruinarán la vida si luego vas a por todas para conseguir tus objetivos.

¿Qué quiero decir con todo esto? Que acotar las acciones y los pensamientos, poniéndoles fecha, así como utilizar verbos menos radicales es muy importante para no dramatizar o extraer conclusiones sobredimensonadas acerca de quiénes somos o cómo nos sentimos.

AHORA DE TOCA A TI

Para tener una autoestima sana y un buen autoconcepto hay que ser práctica, ser consciente de dónde estás y adónde quieres llegar en todos los ámbitos, tanto el personal como el profesional. Contesta las siguientes preguntas haciendo listas; te ayudará a verlo más claro.

Observa tu vida desde el presente hacia el pasado: ¿qué relaciones has ido haciendo por el camino, personas que están a tu lado, las que has perdido o dejado que desaparezcan, trabajos, estudios, conductas?

¿Qué quieres hacer, cambiar, estudiar, recuperar si algo lo dejaste apartado?

¿Te sientes orgullosa? ¿Por qué?

¿Qué quieres hacer a partir de ahora?

¿Qué hay que cambiar, qué hay que mantener?

SUELTA LOS MALOS RECUERDOS

El aprendizaje es bueno; la rumiación es inútil

Te habrás dado cuenta de que hay recuerdos que vives con mucha intensidad y otros que no. Experiencias que en su momento te hicieron sufrir, pero ahora los recuerdas con tranquilidad. Te voy a poner un ejemplo: de pequeña pasaba los veranos en el pueblo de mi madre en casa de una tía, una persona divertida, alegre y muy activa. Cuando murió, fue doloroso, era consciente de que esa persona no iba a estar más en mi vida. Pero con el tiempo y con ayuda de mi madre, recordábamos momentos divertidos que habíamos pasado con ella. Pude entender que era triste, pero no peligroso para mí que mi tía hubiera muerto.

Seguramente tú también tienes muchas experiencias que en su momento dolieron y ahora, pasado el tiempo, las puedes recordar sin aquella intensidad.

Cuando las experiencias las pasamos a recuerdo, adquirimos un aprendizaje, desechamos lo que no nos sirve, y la emoción que viene al recordarlo tiene una intensidad más baja o dura poco tiempo. Esto se debe a que soltamos el apego que nuestro ego tiene a esa persona o a esa experiencia.

Este trabajo es el que se debería hacer con todas las experiencias de la vida.

Ahora bien, la pregunta clave es: ¿de qué depende que una mala experiencia siga generando malestar durante años o, en cambio, pase a recuerdo y llegue la calma?

Para pasar una EXPERIENCIA a RECUERDO, la emoción no puede superar el umbral de intensidad óptimo.

Si la emoción es muy intensa es porque tu cerebro cree que estás en peligro y dispara la alarma. El racional es el que debe comprobar si realmente lo estás, y desconectarla o pasar a la acción. Si no lo haces, cualquier olor, sonido, imagen puede estar anclado a esa experiencia y tu cerebro disparará la emoción preguntando ¿esto está resuelto? ¿Es peligroso? Y tú intentarás ignorar estas señales, porque son desagradables, distrayéndote con alguna actividad. Durante un tiempo lo conseguirás, hasta que se vuelva a disparar.

De cara a nuestro cerebro, por poner un ejemplo algo exagerado, es como si yo te dijera: «Me parece que hay un asesino en casa», y tú me respondieras: «La solución es mirar una película de risa y así no pensamos que nos pueden matar». Tu cerebro dispara el miedo porque realmente cree que estás en peligro, pero si tú racionalmente sabes que, en ese mismo momento, estás en un lugar seguro, es importante que aprendas a apagar la alarma. No tiene sentido que sigas segregando cortisol. Tienes que demostrar a tu cerebro que el peligro SOLO está en tu cabeza, no es real.

Antes de enseñarte a pasar un pensamiento desagradable a recuerdo te tengo que dar una información, porque, si no, no querrás hacer el ejercicio.

METÁFORA

Imagina que eres la capitana de un transatlántico. Estás haciendo un crucero y hay más de tres mil personas a bordo. Ves un grupo de turistas, muy nerviosas, se mueven sin saber muy bien qué hacer o adónde ir, hablan con la tripulación agitando mucho los brazos, cada vez se unen más personas al grupo para saber qué pasa, se está generando mucha tensión, algo está pasando.

Por lo visto, se ha corrido el rumor de que hay un incendio en el barco. La gente está empezando a entrar en pánico y a correr hacia los camarotes para ponerse el chaleco salvavidas y dirigirse a los botes. Tú no ves el fuego, ni detectas el humo, pero eso no significa que no haya un incendio y notas cómo todo tu cuerpo se tensa preparándose para lo peor.

Dime, ¿cuál de las tres opciones elegirías?

a. Te pones el chaleco salvavidas y saltas la primera.
b. Llamas a tu equipo para que comprueben si hay un incendio en la cocina, sala de máquinas, restaurantes, camarotes...
c. Te encierras en el camarote esperando que todo pase mientras ves tu serie favorita.

El transatlántico es tu cuerpo, y la capitana es tu cerebro racional. Saltar del barco es lo mismo que pensar: «Si estoy nerviosa es porque el peligro es real», sin comprobar si eso es verdad. Los pensamientos no siempre coinciden con la realidad, pero siempre que sean desagradables dispararán las alarmas.

¿Y qué ocurre cuando miras una película de terror? Se te disparan las alarmas, aunque sabes que no es cierto lo que ves. Acto seguido, todo tu cuerpo se tensiona; es más, llegará la noche o pasarás a oscuras por el pasillo de tu casa y volverá la alarma.

Es un proceso AUTOMÁTICO y NO CONSCIENTE, y más veloz que el racional, porque está diseñado para salvarte la vida, pero, ante una falsa alarma, lo puedes desactivar.

Como seguramente has intuido, la respuesta correcta es la b. Tienes que demostrarle a tu cerebro emocional que el peligro ya ha pasado, que puede volver a pasar en un futuro, quizá sí, pero que en ese momento ya no existe. Es importante volver al presente para equilibrar la mente.

Vamos a pasar a recuerdo esa experiencia que evitas porque la sensación de rabia, culpabilidad, vergüenza, tristeza o miedo todavía es demasiado intensa. ¿Estás preparada? ¡Vamos a empezar!

Ejercicio

Siéntate cómodamente en un sillón.

Busca esa imagen que te crea tensión y mírala como si estuvieras en el cine viendo una película. Te puedes preparar hasta un refresco y unas palomitas si te apetece. Nada que lleve alcohol, porque necesitamos que tu cerebro racional esté despejado para trabajar.

Si es una imagen fija, como si fuera una foto de una persona o de la situación que pasó, recréala con el mayor grado de detalle posible, obsérvala y nota cómo la intensidad sube en tu cuerpo, sé consciente de dónde notas esa sensación, el espacio que ocupa y la intensidad que tiene, valórala del 1 al 10. Y, por último, tíñela de un color que represente el malestar.

Por ejemplo, noto esa sensación fuerte en la boca del estómago, del tamaño de una pelota de tenis, es de color gris oscuro y la intensidad es de un 8.

Aunque no sea agradable, es importante que mires la imagen y seas consciente de la sensación, es como una atención dividida. Subo a la mente para ver la imagen, bajo al cuerpo para sentir la sensación.

Ahora, imagina que tu respiración es una aspiradora. Inspiras lentamente por la nariz ese color de tu cuerpo y lo expulsas hacia afuera por la nariz o por la boca, como te sea más cómodo. Poco a poco, sin prisa, incluso puedes ponerte música si te apetece. Repítelo varias veces más. La emoción es una curva que sube hasta un pico de intensidad y luego va bajando hasta desaparecer. Cuando llegues al 3 de intensidad, a tu cerebro le será más fácil guardarlo como un recuerdo.

Lo más importante es que no rompas la curva. Quizá pienses que la emoción será tan fuerte que no lo podrás soportar. Sé consciente de que, en este momento, estás en un espacio seguro, respira poco a poco, sin prisas y deja que tu cuerpo acepte que eso ya pasó y date permiso para volver a la calma.

En caso de que ese recuerdo o experiencia en lugar de una foto se parezca más bien a una película o una secuencia, pásala hacia delante más lentamente y nota las sensaciones. Luego haz el ejercicio contrario, pasa la película hacia atrás mientras ves a todos los personajes deshaciendo lo que están haciendo, y observa tus sensaciones. Mentalmente vuélvela a pasar a más velocidad, a mucha velocidad, luego rebobínala mientras ves que todos corren hacia atrás. Haz la imagen más pequeña o aléjala, hasta que ya no produzca malestar en ti, hasta que te despierte una sonrisa por la escena tan absurda que se ha creado.

De nada te sirve retener una imagen en tu cabeza que lo único que hace es desestabilizarte y no te trae aprendizajes útiles para la vida.

Cuando te vaya bien, repite el ejercicio con la misma imagen; puede ser al día siguiente o al cabo de una semana, ¿en qué número está la intensidad en tu cuerpo?

Sigue practicando, verás cómo pronto tu cerebro lo pasa a recuerdo, un mal recuerdo, pero sin esa intensa emoción. Y si no te acuerdas de volverlo a hacer o sientes que no lo necesitas, es una buena noticia, significa que la intensidad de ese recuerdo ha bajado y ya no molesta.

Si pasado el tiempo, un estímulo activa la intensidad del recuerdo, seguramente no será tan alta como antes de trabajarlo. Sin darle más importancia repite el ejercicio. Es como si un exfumador se reencontrara con un amigo con el que siempre fumaba: ese estímulo reactivará el deseo de fumar, pero no será tan fuerte como en su época de fumador y lo podrá gestionar.

Lo estás haciendo muy bien. Nadie te había enseñado antes, es normal que necesites practicar varias veces hasta que se apague esa alarma.

DAR GRACIAS POR ESCRITO

La terapia narrativa cambió mi resignación en aceptación

Esto es algo que me propuso mi hermano. Yo ya había estudiado la terapia narrativa, sabía que funcionaba, pero no la había experimentado.

Escribir una carta de agradecimiento te ayuda a digerir todo lo que has vivido con esa persona, no va de perdonar a nadie, si acaso de perdonarte a ti. Escribir te abrirá las heridas, las limpiará y te ayudará a cicatrizarlas. Cada vez que leas la carta estarás asimilando y calmando esos recuerdos. Seguramente añadirás algún dato o cambiarás la manera de decirlo. Hazlo, ese recuerdo se está acomodando en tu cerebro. Es como cuando te sientas en el sofá y vas cambiando de postura hasta que tu cuerpo queda bien asentado, encuentra su sitio. Con la carta te pasará igual, deja que se mueva, que cambie, deja que pasen unos días, y cuando ya no quieras cambiar nada, el trabajo está hecho.

Guarda todas las cartas para poder leerlas al cabo de los años, porque la emoción estará calmada. Sin embargo, a medida que tú cambies, también cambiará tu mirada hacia el pasado. Es decir, tu perspectiva no es la misma a los siete años que a los trece, los treinta o los sesenta y cinco. Puedes escribir una carta nueva si te apetece o cambiar las frases con las que no te identificas. Los conocimientos y experiencias que vayas adquiriendo irán cambiando tu manera de mirar los recuerdos, pero lo más importante lo tienes hecho, que es pasar tus vivencias a recuerdo, y eso solo se puede hacer bajando la intensidad de la emoción, y con la carta lo vas a conseguir.

Te doy unos ejemplos para que sepas cómo arrancar, pero ya verás que todo es empezar. Una aclaración: la finalidad de estas cartas no es entregarlas, porque eso no aumenta ni disminuye el beneficio. A mi madre se la regalé, incluso le hice un vídeo porque estaba flojita de salud y sabía que le iría bien. Es decisión tuya hacerlo o no, es completamente independiente del trabajo.

Gracias, papá

Empecé por mi padre.

Tendría que haber sido un ejercicio fácil porque con las personas que han muerto no puedes tener conflicto y, si no has tenido problemas serios, sueles idolatrarlos.

Pero con mi padre tenía una relación extraña.

Por un lado, veía la tristeza, el cansancio y las preocupaciones de mi madre que tuvo que cargar con todo, y me dolía. Por otro, las monjas me decían que mi padre estaba en un lugar maravilloso donde era muy feliz. Yo, con siete años, me imaginaba a mi padre de fiesta todo el día. Exacto, cada vez que pensaba en él lo imaginaba riendo y bailando, y mi familia sufriendo en la tierra, y eso me parecía muy mal, era como si nos hubiera abandonado; con siete años mi cabeza no daba para más. Los mensajes de los adultos con buenas intenciones, más que ayudarme, me confundían. Además, cada aniversario de su muerte íbamos a misa a las ocho de la mañana y luego a desayunar chocolate con churros, y cuando llegaba al cole le explicaba a la monja que habíamos ido a celebrar que mi padre se había muerto, comentario que le chocaba, pero nunca supo qué contestarme. Seguramente de ahí viene la relación tan natural que tengo con la muerte.

Con esta contradicción me senté a escribir una carta de agradecimiento, solo sabía cómo comenzar, por el principio de todo: la vida.

Cuando escribí «Gracias, papá, por darme la vida...» las lágrimas empezaron a brotar. Aunque ya sabía que lo quería, me hice más consciente y qué difícil fue poner en palabras lo que sentía. Es un momento mágico y muy íntimo, parecía que él estaba conmigo. De verdad que vale la pena.

Gracias, mamá

Después escribí la carta a mi madre. Si la de mi padre me parecía difícil porque tenía pocos datos, la de mi madre me lo parecía aún más porque tenía una barbaridad. Sin embargo, en cuanto escribí «Gracias, mamá...» los recuerdos empezaron a brotar con facilidad, los buenos y los malos. En efecto, si te focalizas en el agradecimiento de las pequeñas cosas del día a día te será más fácil. ¡Estás viva! A veces hacemos responsables a los demás de nuestra felicidad, sin ser conscientes de que el poder para ser feliz reside solo en nosotros.

A medida que iba escribiendo y dando las gracias, lo que un

día me pareció una catástrofe ahora con el tiempo me parecía un capítulo más de mi vida.

Gracias...

Luego vino la carta a mi pareja, a mis hijas, a mis hermanas...

Pero, y esto quizá te choque, también es importante escribir una carta a esas personas con las que tuviste o tienes una relación conflictiva. Seguro que algo aprendiste de ellas; no te preocupes, reconocerlo no te hace débil como estás pensando, sino que te sentirás más fuerte. Las heridas duelen cuando las abres, pero, con las cartas, sanan y se van cerrando.

Ahora que tienes la información calentita en tu cerebro, es el momento ideal para enfrentarte a esa página en blanco. Piensa en esa persona a la que tienes tanto que agradecerle y escribe «Gracias, (su nombre) por...».

Y sin pensar mucho si queda bien o no, sigue escribiendo, deja que una frase alimente a la siguiente, verás cómo el agradecimiento va generando más agradecimiento y las palabras salen solas, hasta que llega un momento que es una cascada de ideas. Termina la carta escribiendo «Gracias, gracias, gracias», es como un gracias por todo lo que hiciste por mí y quizá no me di cuenta o se me ha olvidado.

Una vez que hayas escrito la primera, las siguientes cartas te serán mucho más fáciles. Ya verás lo muy liberador y terapéutico que es.

Y ahora, me toca a mí.

Gracias por haber llegado hasta aquí, por haber invertido parte de tu tiempo en leer lo que he escrito para ti, por escuchar mis experiencias, por interesarte en conocer las técnicas que me ayudaron a superar mis miedos y calmar mis emociones. Gracias por crecer junto a mí, por estar cada día que me sentaba a escribir este libro, por ser el estímulo que activaba mis ideas sin tú saber que este libro se estaba gestando.

Gracias a todas las personas que ayudáis sin saber que estáis ayudando. Gracias, gracias, gracias.

A mí también me gustaría conocerte y conocer tu historia personal, las técnicas que te han funcionado de este libro, las que te han sido más fáciles de seguir o con las que has tenido problemas, para poder darte algún truco más o explicarte alguna metáfora que haga la técnica más fácil. Me encantará ayudarte. Aquí tienes mi email: sarapalaur@hotmail.com por si lo necesitas.

AGRADECIMIENTOS

Gracias en especial a mi madre y mi padre por darme la vida.

Gracias a mi madre por alimentarme, darme cobijo y soportar mi adolescencia, pero sobre todo por ser un referente de mujer independiente y empresaria en un mundo machista donde fue criticada por no ser una ama de casa tradicional, por entrar en el mundo de los negocios que era para hombres y por querer divertirse. Aunque salía de casa con la cabeza bien alta y su coraza antimachismo, cuando volvía a su habitación, ella no lo sabía, pero, a veces, yo la oía llorar, porque las heridas duelen, incluso cuando decimos que no nos importan las críticas.

Gracias a mis hermanas y hermanos, que han sido el colchón para que nunca me sintiera sola.

Gracias a Santiago, mi marido, que ha sido un pilar fuerte en los momentos más difíciles de mi vida, como fue la depresión y la discapacidad, y en los momentos más felices, como cuando nacieron nuestras hijas, Alba y Sonia.

Gracias a mis hijas por todo su cariño y su paciencia, y por abrirme una ventana al futuro a través de la cual poder conocer cómo piensan las nuevas generaciones.

Gracias a las amigas y amigos por estar a mi lado incluso cuando no estábamos de acuerdo en todo.

Gracias a todas las personas con las que en algún momento de mi vida me he cruzado; nos hemos ayudado mutuamente, nos hemos sonreído, saludado, compartido unas palabras amables, por la calle o en las redes sociales.

Gracias también a las personas cuya manera de pensar o actuar no me gusta. Con ellas sigo trabajando la paciencia, la frustración y el coraje para decir lo que pienso con respeto.

Todas y todos formáis parte de este libro porque, sin saberlo, estabais influyendo en mi crecimiento personal.

Gracias, gracias, gracias.

Un fuerte abrazo,
Sara Palau